Das Haus der Abgeordneten

Ein Denkmal preußischer
und deutscher Geschichte
in der Mitte Berlins

*Herausgegeben vom
Präsidenten des
Abgeordnetenhauses
von Berlin*

Hans Wilderotter

Das Haus der Abgeordneten

Ein Denkmal preußischer

und deutscher Geschichte

in der Mitte Berlins

Begleitband zur Dauerausstellung des Abgeordnetenhauses von Berlin

Herausgeber	Der Präsident des Abgeordnetenhauses von Berlin
Autor	Hans Wilderotter
Lektorat	Michael Dorrmann
Bildredaktion	Dießner Concept Team GmbH
Produktion	Salomon + Partner, Berlin
Gestaltung / Herstellung	Regelindis Westphal
Technische Umsetzung	Norbert Lauterbach; Satzinform, Berlin
Litho	Satzinform, Berlin
Druck	druckhaus köthen GmbH

Für die Buchhandelsausgabe
Philo Fine Arts GmbH, Verlag der Kunst Dresden
ISBN 3-364-00378-5

Inhalt

Vorwort

Das *Preußische Abgeordnetenhaus* findet selten die ihm gebührende Aufmerksamkeit. Es stand und es steht im Schatten des *Reichstags*, und das gilt sowohl für das Gebäude als auch für die parlamentarische Körperschaft. Nach aufwendigen Bildbänden, wie sie über das Reichstagsgebäude auch noch Jahre nach dessen Fertigstellung 1892 – dem Jahr, in dem mit dem Bau des Abgeordnetenhauses begonnen wurde – veröffentlicht worden sind, sucht man für das Abgeordnetenhaus vergeblich. Die Tatsache, dass die zeitgenössische Fachpresse den Bau Friedrich Schulzes, der anders als Paul Wallot, der Architekt des Reichstagsgebäudes, unbekannt geblieben ist, als Beispiel für ein gelungenes Parlamentsgebäude feierte, blieb in der Öffentlichkeit folgenlos.

Über das Parlament des deutschen Reiches und der Republik liegt eine Fülle von Einzeluntersuchungen vor, die die Stellung des *Reichstags* im jeweiligen Verfassungsgefüge, das Verhältnis von Parlament und Regierung, die Beziehungen zwischen den Fraktionen und Parteien, aber auch den Gesetzgebungsprozess im Detail analysieren und darstellen. Genauere Informationen über Geschichte, Politik und innere Struktur der preußischen Volksvertretung besitzen wir jedoch nur für das erste Jahrzehnt nach der Revolution von 1848/49 und über das – grob gesprochen – letzte Jahrzehnt, die gut vierzehn Jahre des Landtags der preußischen Republik.

Dazwischen ist fast terra incognita. Zwar fand der Verfassungskonflikt, in den der preußische König, der Hof und die Regierung einerseits, das *Abgeordnetenhaus* andererseits zwischen 1862 und 1866 gerieten, gebührende Aufmerksamkeit in der Literatur. Die überwiegende Zahl der Veröffentlichungen über diesen Konflikt, in dem es zunächst um die Frage der Militärpolitik, dann aber um die Interpretationsmacht über die preußische Verfassung ging, um die Frage nach dem Anteil der Vertretung der Gesellschaft durch ihre gewählten Repräsentanten an der Macht des Staates, malte damit jedoch nur den Hintergrund aus für die Person Otto von Bismarcks, dem es gelungen war, vier Jahre lang ohne und gegen das Parlament eine Politik zu führen, an deren Ende die Reichsgründung stand.

Die preußische Volksvertretung stand nämlich nicht nur im Schatten des *Reichstags*, sondern auch im Schatten der Repräsentanten des preußischen Staats. Die Geschichte Preußens wurde lange genug als Geschichte von Dynastie und Staat, als Geschichte der Könige und der leitenden Staatsmänner geschrieben. Es geht sicher zu weit, wenn man sagt, die preußische Geschichte sei oft als ein Kapitel der Biographien des Großen Kurfürsten und Friedrichs des Großen, Kaiser Wilhelms I. und Otto von Bismarcks behandelt worden; die geringe Aufmerksamkeit jedoch, die gerade die preußische Volksvertretung gefunden hat, macht es gelegentlich schwer, diesen Verdacht ganz von der Hand zu weisen.

Zwar ist es sicher richtig, dass das preußische Parlament spätestens seit der Reichsgründung 1871 eher mehr als weniger ein willfähriges Instrument der Politik der jeweiligen Regierungen gewesen ist. In den ersten beiden Jahrzehnten nach der Revolution 1848/49 jedoch wurden im *Preußischen Abgeordnetenhaus* die Formen parlamentarischer Kultur entwickelt, die von den Parlamenten des deutschen Reiches und der Republik übernommen und verfeinert wurden. Im gleichen Zeitraum bildeten sich die politischen Gruppen und Fraktionen heraus, die über das Ende der Monarchie hinaus das Grundgerüst des deutschen Parteiensystems bildeten.

Im ersten Teil diese kleinen Buches versuche ich, unter Benutzung der vorliegenden Literatur, einige Aspekte dieser Entwicklung zu skizzieren. Die Kürze und vor allem die Lücken dieser Skizze machen nicht nur deutlich, was der Autor alles noch hätte wissen können, sondern auch, wie viel wir noch nicht wissen.

Dieser erste Teil dient als Einleitung zur Darstellung der Geschichte des Gebäudes. Dass dessen Vor- und Planungsgeschichte genau ein halbes Jahrhundert in Anspruch nahm, wird ohne die Feststellung der engen Verknüpfung von Architektur und Politik ebensowenig verständlich wie eine Reihe von Details des Hauses, dessen bauplastischer Schmuck ein einseitiges Verfassungsverständnis in Skulptur und Architektur übersetzte.

Nach 1918 war das Haus einige Jahre lang Schauplatz einer gelungenen Demokratisierung. Anders als das *Abgeordnetenhaus*, dessen Mitglieder bis 1918 auf der Grundlage des undemokratischen Dreiklassenwahlrechts rekrutiert wurden, wurde für den *Preußischen Landtag* der Republik das allgemeine, gleiche, direkte und geheime Wahlrecht eingeführt, und zwar auch für die weibliche Bevölkerung, die bis 1918 von der parlamentarischen Bühne ausgeschlossen blieb. Anders als das *Abgeordnetenhaus*, das zusammen mit dem *Herrenhaus*, in dem die preußische Aristokratie ihre Interessen mit Nachdruck und geringen Skrupeln vertrat, bis 1918 den *Landtag* bildete, führte dieses preußische Parlament allein den Namen *Landtag*.

Man könnte es einen Grundstein im „Bollwerk der Demokratie" nennen, eine Bezeichnung, die für die Republik Preußen gefunden wurde, da hier in den letzten Jahren der Weimarer Republik auf der Grundlage demokratischer Mehrheiten

regiert wurde, als im Reichstag längst Parteien die Oberhand hatten, die der Demokratie und der Republik ablehnend gegenüberstanden.

Das Gebäude hat das Ende der Geschichte Preußens überlebt. Während des NS-Regimes diente es den Repräsentationsbedürfnissen der Machthaber; als „Haus der Flieger" wurde es ein Teil des Imperiums von Hermann Göring, in dessen Zentrum das benachbarte Reichsluftfahrtministerium stand. Zeitweise beherbergte es den sogenannten *Volksgerichtshof* und Büros des *Geheimen Staatspolizeiamtes*, Teile des nationalsozialistischen Terrorapparats.

Nach 1945 wurde das Gebäude, das im Zweiten Weltkrieg erheblich beschädigt worden war, instandgesetzt und ab 1949 als Haus der Ministerien II von Regierungsstellen der DDR genutzt; es blieb eng verbunden mit dem Gebäude des ehemaligen Reichsluftfahrtministeriums, das als Haus der Ministerium I bezeichnet wurde.

Seit der Übernahme durch das *Abgeordnetenhaus* des vereinigten Berlin im Jahre 1993 – eine behutsame Instandsetzung, die die Spuren der wechselvollen Geschichte sichtbar hält, war vorausgegangen – wird das Haus wieder parlamentarisch genutzt. Es bildet, zusammen mit dem ehemaligen Gebäude des Preußischen Herrenhauses, in dem heute der *Bundesrat* seinen Sitz hat, und zusammen mit dem ehemaligen Reichsluftfahrtministerium, das vom *Bundesfinanzministerium* bezogen wurde, ein Symbol der preußischen und der deutschen Geschichte im Zentrum Berlins.

Mein Dank gilt allen, die bei der Entstehung dieses Buches mit mir zusammenarbeiten und dabei bisweilen große Geduld bewiesen haben.

Aspekte der Entwicklung einer parlamentarischen Kultur in Preußen

„Die zur Vereinbarung der preußischen Staatsverfassung gewählte, aus 402 Mitgliedern bestehende Versammlung trat am 22. Mai 1848, also gerade am dreiunddreißigsten Jahrestag der königlichen Verordnung, welche die Bildung einer reichsständischen Repräsentation des Volkes verheißen hatte, still und geräuschlos in Berlin zusammen und erhielt alsbald den Namen der preußischen Nationalversammlung. Nach allem was vorgegangen war, hätte man wohl erwarten sollen, daß dieser Tag der endlichen Erfüllung jener Verheißung, die stets an der Spitze aller volkstümlichen Forderungen gestanden, als ein Nationalfest begangen werden würde. Allein nirgendwo zeigte sich … auch nur eine Spur patriotischer Festfreude, nirgendwo war der obligate Fahnenschmuck, nicht einmal eine Anhäufung größerer Menschenmassen zur Darbringung von Ovationen für die schon hinreichend signalisierten Häupter und Mitglieder der demokratischen Partei der Versammlung zu erblicken.“ [1]

Die Enttäuschung, die der katholische Abgeordnete Peter Reichensperger angesichts der „kalten Aufnahme, welche die Nationalversammlung bei der Bevölkerung der großen Hauptstadt“ gefunden habe, empfand, ist nicht zu trennen von seiner Verachtung für die „Massen der Bevölkerung“, die „noch immer von revolutionären Leidenschaften beherrscht waren und jedem neuen Aufruhr zur Verfügung standen“. Indirekt trifft diese Verachtung natürlich die „Häupter und Mitglieder der demokratischen Partei“, deren Nähe zu den „Menschenmassen“ in der Erwartung von „Ovationen“ sichtbar wird, die dann jedoch ausblieben.

Die politischen Konfliktlinien in der *Nationalversammlung*, die hier sichtbar werden, waren bereits im Vorfeld bei einer Auseinandersetzung über den Ort der feierlichen Eröffnung zutage getreten. „Nach dem von der Regierung ausgegebenen Programme sollte die Eröffnung der Nationalversammlung, wie die des Vereinigten Landtages, im Weißen Saale des Schlosses durch den König stattfinden. Wäre dies nicht geschehen, so würde darin zweifellos eine beabsichtigte Zurücksetzung der aus den Urwahlen hervorgegangenen Volksvertretung erblickt worden sein. Nachdem es aber so angeordnet worden war, erhob eine Anzahl von Mitgliedern lauten Protest dagegen, daß die Vertreter des souveränen Volkes zu Hofe (?) gehen sollten, – es müsse darauf bestanden werden, daß der König sich in deren Sitzungslokal zu begeben habe. Über diesen Protest wurde von einer aus 80-100 Abgeordneten bestehenden Vorversammlung im Hotel de Russie… zweimal feierlich beraten, auch eine Deputation zur Abstellung der Beschwerde zweimal an den Ministerpräsidenten Camphausen entsendet, die indessen erfolglos blieb. Nach diesem kleinlichen, aber bezeichnenden Vorspiele entschloß sich denn auch die Mehrzahl jener Mitglieder mit denen der rechten Seite im Thronsaale des Schlosses zu erscheinen.“ [2]

Reichensperger lässt keinen Zweifel an seiner Antwort auf die Frage, die hinter diesem keineswegs kleinlichen Vorspiel stand und die für den weiteren Verlauf der *Nationalversammlung* noch eine große Rolle spielen sollte, die Frage nämlich, ob die verfassunggebende Versammlung sich dem Recht der siegreichen Revolution oder der Gnade des Königs verdanke. Nicht nur die Abgeordneten, die den Protest formuliert hatten, waren sich der symbolischen Bedeutung der scheinbar so nebensächlichen Frage der Wahl des Eröffnungsorts bewusst. Auch Friedrich Wilhelm IV. selbst beharrte auf dem Weißen Saal und ließ durch Ministerpräsident Camphausen der Versammlung im Hotel de Russie ausrichten, „die Eröffnung könne nicht in der Singakademie stattfinden, weil der Thron dort keinen Platz habe".[3] Am Ende blieben jedoch nicht mehr als zehn Abgeordnete der Eröffnung im Schloss fern.

„Fractionsweinhäuser" und „Rauchparlamente" Die Entstehung der Fraktionen

Das Hotel de Russie, am Schinkelplatz 1 zwischen Friedrichswerderscher Kirche und Zeughaus, also nur wenige Schritte vom Tagungsort der *Nationalversammlung* entfernt gelegen, war der erste Anlaufpunkt für zahlreiche Abgeordnete. Die meisten von ihnen waren zum ersten Mal in Berlin, besaßen keinerlei Verbindungen zu anderen Abgeordneten und so gut wie keine parlamentarische Erfahrungen, da nur 20 Mitglieder der *Nationalversammlung* zuvor bereits dem *Vereinigten Landtag* angehört hatten. „In Berlin angekommen, wußte niemand, wohin er sich wenden, wo er Gleichgesinnte finden, wie er sie erkennen sollte. In den Gasthöfen bestellten die Portiers, man möge sich ins Hotel de Russie begeben. Von wem die Bestellung kam, wurde nicht gesagt. Und so fanden sich denn die Abgeordneten zum ersten Male in dem Saale zusammen, in dem die Opposition des Vereinigten Landtags ihren Sitz gehabt hatte, eine der sonderbarsten Gesellschaften, die es je gegeben hat; wenig bekannte Namen, kaum ein Dutzend persönlich einander bekannt; jeder bemüht, in der

Physiognomie des andern zu lesen, wes Geistes Kind er sei."[4]

Der Hinweis auf die Opposition im *Vereinigten Landtag* macht ebenso wie Reichenspergers Bemerkung, die Mehrzahl der Mitglieder der Versammlung, die gegen die Eröffnung im Weißen Saal Bedenken geäußert hatten, seien mit den Mitgliedern „der rechten Seite" im Thronsaal zusammengekommen, unmissverständlich klar, dass im Hotel de Russie die Linke versammelt war. Die Rechte, die während des *Vereinigten Landtags* ihr Hauptquartier im Hotel d'Angleterre gehabt hatte, fast in unmittelbarer Nachbarschaft des Hotel de Russie, scheint sich erst nach der Eröffnungssitzung am Nachmittag des 22. Mai im Hotel Rheinischer Hof in der Friedrichstraße zusammengefunden zu haben, verlegte ihre Sitzungen aber schon bald in ein Haus in der Behrenstraße 57, das zu keinem Hotel gehörte und offenbar eigens angemietet worden war.[5]

Es sollte und es konnte bei dieser einfachen, dem breiten Spektrum politischer Überzeugungen jedoch kaum angemessenen Zweiteilung nicht bleiben. In den folgenden Wochen und Monaten kam es insbesondere bei den Liberalen, die in ihrer Mehrheit zur Linken zählten, aber auch der Rechten angehörten, zur Bildung neuer Gruppen. Nach einiger Zeit, die bestimmt war von weiteren Sezessionen und der Bildung kleiner, nur kurze Zeit existierender Gruppen, aber auch von einem hohen Grad an Fluktuation, der noch Jahre hinaus anhalten sollte, entstanden fünf Gruppen. Sie bildeten für die folgenden Jahre das mehr oder weniger stabile Grundgerüst. Die Linke, die zunächst im Hotel de Russie blieb, im Herbst aber in das Hotel Mylius in der Taubenstraße wechselte, das linke Zentrum, dessen Mitglieder sich im Hotel Mielentz Unter den Linden trafen, das liberale Zentrum im Hotel Caspary, das rechte Zentrum, das anfangs im Hotel d'Angleterre zusammenkam und die Rechte in ihren Räumen in der Behrenstraße.[6]

Der Instabilität der Gruppierungen entsprach der häufige Wechsel der Tagungsorte. Die liberale Opposition um Georg von Vincke traf sich Anfang der fünfziger Jahre im Hotel Alt-Helgoland; spätestens 1859 hatte die Fraktion Vincke, die jetzt allerdings wieder anders zusammengesetzt war, ihr Quartier im Hotel de l'Europe. Die gleiche Gruppierung trat bei Gelegenheit auch im Maederschen Saale Unter den Linden zusammen, wo die Rechte, die offenbar ihr Hauptquartier in der Behrenstraße inzwischen wieder aufgegeben hatte, Anfang der fünfziger Jahre zusammengekommen war. Bei der Wahl dieses Saals scheinen auch ganz praktische Gründe eine Rolle gespielt zu haben. Er wurde besonders für große Veranstaltungen – etwa wenn zwei oder mehrere einander nahe stehende Gruppierungen gemeinsame Sitzungen abhielten – gewählt, da er, wie der Abgeordnete Heinrich Breitzke sich erinnerte, „der größte war, den ich in meinem Leben gesehen, größer als der weiße Saal im Schlosse."[7]

Die Wahl des Tagungsortes hing natürlich auch von der jeweiligen Gruppengröße ab, die dank der hohen Fluktuationsrate erheblich schwankte. Die Gründe für den Übertritt von einer in die andere Gruppe mussten durchaus nicht politischer, sondern konnten auch persönlicher Natur sein. Hans Viktor von Unruh, der zu Beginn der *Nationalversammlung* dem linken Zentrum angehört hatte, nach seinem Meinungsführer auch Fraktion Rodbertus genannt, war in das Zentrum übergetreten, da er „unter dem Kommando von Rodbertus" nicht stehen „konnte und wollte". Über von Unruh kursierte später das Scherzwort, dass man neben ihm nicht sitzen könne, da er immer weiter nach rechts rücke.[8] Von Unruh hatte allerdings auch einen sachlichen Grund für den Übertritt angegeben. Er hatte in einer Angelegenheit anders als die Mehrheit der Fraktion gestimmt und war von Karl Rodbertus, unter Zustimmung dieser Mehrheit, gerügt worden. Eine gewisses Maß an verbindlicher Fraktionsdisziplin hatten einige Gruppen demnach bereits eingeführt. So galt bei einigen die Regel, dass der Abgeordnete, der anders als die Mehrheit stimmen wollte, diesen Entschluss zuvor bekannt geben musste. Trat diese Abweichung von der Mehrheitsmeinung dreimal ein, galt die Mitgliedschaft automatisch als beendet.[9] Entsprechend locker war schon zuvor der Beitritt zur Fraktion. In der Legislaturperiode von 1849 bis 1852 erfolgte der Beitritt zur liberalen Fraktion von Vincke durch „das Einschreiben in eine Liste", die im Hotel Alt-Helgoland auslag.[10] Der geringe Verbindlichkeits- und Organisationsgrad, der zumindest in den ersten Jahren vorgeherrscht zu haben scheint, wird in einem Artikel im „Preußischen Wochenblatt" 1851 deutlich. „Ihrem Wesen nach", heißt es dort über die Fraktionen, „sind sie kleinere oder größere Kreise von mehr oder weniger Gleichgesinnten, die sich durch Besprechung der vorliegenden Gegenstände orientieren, auch wohl zu gemeinsamem Handeln verbinden."[11]

Die Zusammenkünfte waren ganz offenbar eine Mischung politischer Diskussion und geselligen Verkehrs. Die Berliner sollen von „Rauchparlamenten" gesprochen haben, die, wie es in einem satirischen Artikel 1861 in „Der Gartenlaube" heißt, in „Fractionsweinhäusern" stattfanden.[12] Die Nähe zu studentischen Vergnügungen ist angedeutet in Tagebucheintragungen des Abgeordneten Florens von Bockum-Dolffs, der vom „Schmauch-Klub" und „Kneipen" spricht.[13] Ende der fünfziger Jahre scheinen sich die Gewichte jedoch stärker als zuvor in Richtung politischer Arbeit verschoben zu haben. Breitzke sagt von seiner Fraktion – die im Hotel de l'Europe tagte – nicht nur, dass sie „bei weitem die größte im Hause und 120 Mitglieder stark" sei, sondern auch, dass sie „sozusagen ein Parlament für sich" bilde, in dem „eine völlige gedruckte Geschäftsordnung festgesetzt" worden sei. Die Tatsache, dass er fast jeden Abend von sieben bis zehn in der Fraktionssitzung verbrachte, insbesondere wenn am nächsten Tag Plenarsitzung war, macht deutlich, dass inzwischen der Weg zur Partei nicht mehr weit war. [14]

Der Vergleich mit dem Parlament lag um so näher, als im Plenarsaal selbst sich allmählich eine Sitzordnung nach Fraktionen herausbildete. Es ergab sich bald eine Sitzverteilung nach englischem Vorbild, wo die Abgeordneten und Fraktionen, die die Regierung unterstützten, vom Präsidenten aus gesehen rechts saßen, die Opposition links. Diese Sitzordnung wurde durch die Bestuhlung im Abgeordnetenhaus begünstigt, wo der Präsident vor einer der beiden Längswände saß, ihm gegenüber in der Mitte der anderen Längswand die Vertreter der Regierung. Links und rechts der freien Fläche dazwischen befand sich je ein Sitzblockpaar, das wiederum auf drei Seiten von Bänken in hufeisenförmiger Anordnung umfasst war. Nach der Herausbildung eines Zentrums ergab sich die Notwendigkeit, die Regierungsbank in die Saalmitte zu verrücken und dem Präsidenten gegenüber drei Bankreihen in Form konzentrischer Halbkreise anzuordnen, auf denen die Abgeordneten „auch äußerlich ein Centrum bilden" konnten, wie es im März 1849 in der „Spenerschen Zeitung" hieß. [15]

Die Verteilung der Sitzplätze innerhalb der Fraktionen erfolgte durch Beauftragte, die einige Tage vor der Eröffnungssitzung Zettel mit den Namen der Abgeordneten an den Sitzen befestigten. Im Zuge der weiteren Formalisierung innerhalb der Fraktionen wurde das zur Aufgabe der Mitglieder, denen nebenamtlich die Organisationsarbeit der Fraktionen oblag; bei dem im Januar 1862 neugegründeten Linken Zentrum war dies der Abgeordnete Johann Friedrich Frech. [16] In welch hohem Maße diese Sitzordnung nach links und rechts noch auf das Verhältnis zur Regierung und nicht auf das politische Programm bezogen war, wird deutlich an der Tatsache, dass bei Beginn der Legislaturperiode 1859, bei der die politischen Gewichte sich zugunsten der Liberalen verschoben hatten und in der eine große liberale Mehrheit einer gemäßigt liberalen Regierung gegenüberstand, die liberalen Fraktionen auf die rechte Seite des Hauses rückten, während die Konservativen, die jetzt in gewisser Weise in Opposition zur Regierung standen, sich auf der linken Seite des Hauses wiederfanden. Es war nicht nur scherzhaft gemeint, als Heinrich Breitzke am Ende der ersten Sitzungsperiode im Mai 1859 in einem Bericht an seine Wähler von der konservativen Gruppierung um Moritz von Blanckenburg als von der „jetzigen äußersten Linken" sprach. [17]

Gleichwohl blieb die Verbindung der Sitzordnung mit den politischen Gruppen noch auf Jahre hinaus einigermaßen locker. Das hatte auch ganz praktische Gründe. Die Abgeordneten, die an der Längswand saßen, an der sich der Präsidiumstisch befand, konnten weder den Präsidenten noch den Kollegen verstehen, der vom Rednerpult, das vor dem Präsidententisch stand, sprach. Gleich zu Anfang seiner parlamentarischen Karriere beklagte Heinrich Breitzke, der „Sitzungssaal der Kammer" sei „nichts weniger als prächtig", man höre „in den Ecken schlecht und leider sitze ich in einer Ecke und habe einen schlechten Platz". Nach zahlreichen Klagen wurde die Rednertribüne 1857 probeweise in eine der Saalecken verlegt. Da gleich bei der ersten

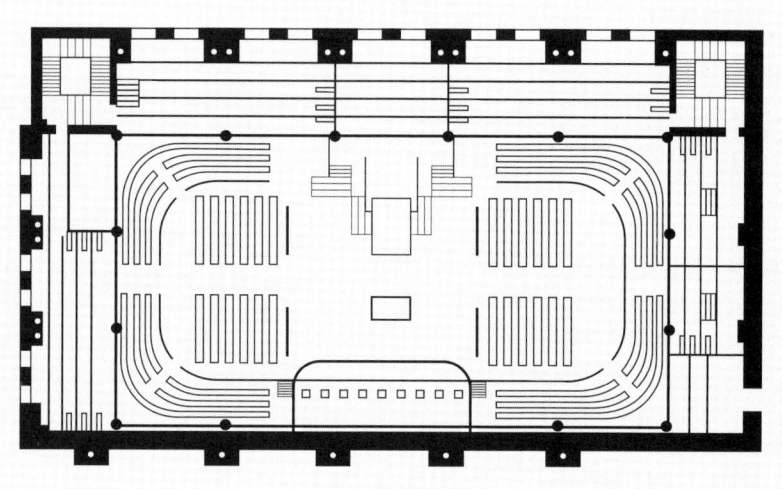

Rede von dieser Stelle der Abgeordnete Otto zusammenbrach und kurze Zeit später starb, wurde die Rednertribüne – aus einer schwer entwirrbaren Mischung von Pietät und Aberglaube heraus – wieder an den alten Standort verlegt. Viele Abgeordnete wechselten deshalb während der Debatten auf Plätze abwesender Mitglieder des Hauses, um besser hören zu können, und zwar ungeachtet der Frage, ob dieser Platz sich auf der linken oder der rechte Seite des Hauses oder im Zentrum befand; manche stellten sich direkt vor das Rednerpult oder den Präsidentisch.[18]

Das gelegentlich geringe Maß an Stetigkeit und Zuverlässigkeit im Stimmverhalten einzelner Abgeordneter führte immer wieder zu Widersprüchen zwischen ihrem Votum und dem Platz, den sie in der politischen Topographie des Hauses einnahmen. Oft dürfte die politische Überzeugung, aber auch die Rücksicht auf die Wähler im heimischen Wahlkreis Anlass zur Durchbrechung der ohnehin noch gering ausgebildeten Fraktionsdisziplin gegeben haben. Bei beamteten Abgeordneten dürfte allerdings auch die Tatsache eine Rolle gespielt haben, dass sie zwar gegen die

Regierung das Wort ergreifen, aber nicht gegen die Regierung stimmen wollten. Zwar konnten die Mitglieder des *Abgeordnetenhauses* nach Artikel 84 der Verfassung „für ihre Abstimmung in der Kammer niemals, für ihre darin ausgesprochenen Meinungen nur innerhalb der Kammer" auf der Grundlage der Geschäftsordnung – etwa bei Beleidigungen – „zur Rechenschaft gezogen werden".[19] Die Tatsache jedoch, dass es immer wieder zur Maßregelung von Beamten – die von einem Beförderungsstopp bis zur Strafversetzung reichten – kam, dürfte manchen Staatsdiener im Parlament vorsichtig gemacht haben. Im Übrigen konnte es bei regierungsfreundlichem Einsatz durchaus zu ungewöhnlichen Beförderungen kommen.[20]

Der „Kladderadatsch" jedenfalls hat 1855 ironisch überspitzt zusammengefasst: „Das ist das Schlimmste bei vielen Abgeordneten, daß man von ihnen wohl weiß, auf welcher Seite sie *sitzen*, aber nie, auf welcher Seite sie *stehen*."[21] Die durch die Kursivschrift im Original unterstrichene Doppeldeutigkeit dieser Formulierung erklärt sich daraus, dass die Abgeordneten, die einem Antrag zustimmen wollten, sich von ihren

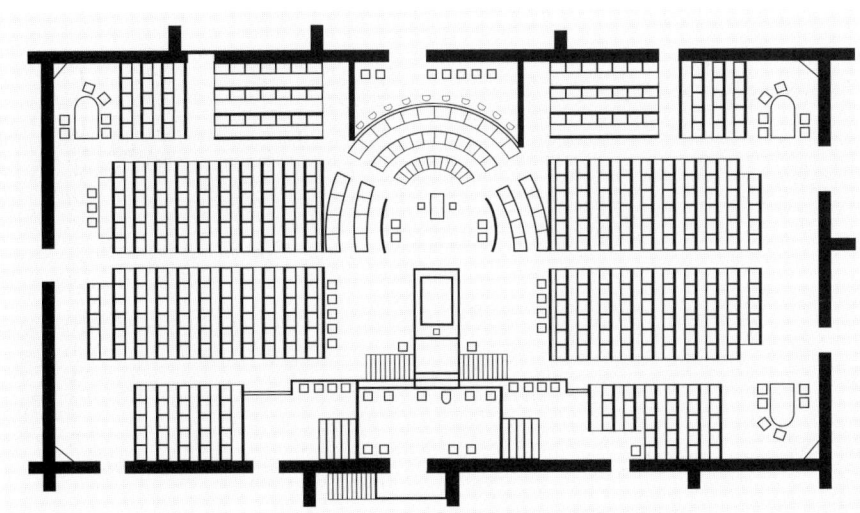

Plätzen erhoben, während diejenigen, die den Antrag ablehnten, sitzen blieben. Da eine Stimmenthaltung so nicht möglich und auch gar nicht vorgesehen war, mussten Parlamentarier, die aus den bereits genannten Gründen weder zustimmen noch ablehnen wollten, der Sitzung fernbleiben, zur Not durch den Gang auf die Toilette.

„So ein Deputierter kostet doch viel mehr als ich dachte"
Alltagsprobleme eines Abgeordneten

Der Abgeordnete Reichensperger hatte seine Zufriedenheit mit der Tatsache, dass fast alle Mitglieder der *Preußischen Nationalversammlung* am 22. Mai 1848 zur feierlichen Eröffnung im Schloss erschienen waren, mit der Feststellung verbunden, „daß die Versammlung den ersten Gesammtüberblick über die äußere Erscheinung der Erwählten des Volkes gewährte. Derselbe mochte für das verwöhnte Auge der Hofleute, welche den Glanz des Vereinigten Landtages geschaut, manch peinliches Gefühl erwecken, da die Staats- und Ritterschaftsuniformen gänzlich

fehlten, während neben dem einfachen Leibrocke der Mehrzahl der Abgeordneten die Zwillichjacke des Handwerkers und Tagelöhners wie der Bauernkittel mehrfach vertreten war." [22] Diese Beobachtung entsprach der Tatsache, dass in die *Preußische Nationalversammlung* Repräsentanten sozialer Schichten gewählt worden waren, die in der gleichzeitg gewählten *Deutschen Nationalversammlung* in der Frankfurter Paulskirche, deren überwiegende Mehrheit sich aus höheren Staatsbeamten, Professoren, beamteten und nichtbeamteten Juristen und freiberuflichen Akademikern rekrutierte, gar nicht vertreten waren. Zwar bildeten auch in der Berliner Versammlung die Justiz- und Verwaltungsbeamten die stärkste Gruppe; zu den insgesamt 28 Handwerkern kamen noch einige Häusler und Tagelöhner, die zu der immerhin 68 Abgeordnete umfassenden Berufsgruppe der Landwirte gezählt wurden. [23] Insbesondere von den Tagelöhnern unter den Abgeordneten weiß Reichensperger das Gerücht zu kolportieren, dass sie „an freien Tagen, um nicht ganz aus der Übung zu kommen, gegen bescheidenen Lohn Holz zu hauen nicht verschmähten". [24]

Sieht man ab von der Tatsache, dass Reichensperger hier erneut unverhohlen seine Verachtung für die Abgeordneten zum Ausdruck bringt, denen er politische Radikalität und mangelnde Eignung für die parlamentarische Tätigkeit unterstellt, bleibt der Hinweis auf das Problem der finanziellen Belastungen, die das Mandat für die Vertreter der unteren Einkommensschichten, aber sicher auch für eine Reihe anderer Abgeordneter mit sich brachte. Aus einem Brief, den der Bauer Bernhard Josef Engbert aus Elte bei Rheine im Münsterland, der für die zweite Legislaturperiode der *Zweiten Kammer* gewählt worden war, am 7. September 1849 aus Berlin an seinen Sohn schrieb, werden diese finanziellen Fragen – neben der beruhigenden Tatsache, in der großen und unübersichtlichen Stadt gleich in ein vertrautes, nämlich das katholische Milieu geraten zu sein – indirekt, aber deutlich sichtbar. Engbert hatte das Glück, gleich nach seiner Ankunft einen alten Bekannten zu treffen, „und zwar nahe am Dönhoffsplatz, wo die II. Kammer ist. Dieser ging nun mit mir zum Bureau der II. Kammer, woselbst ich mich anmelden mußte. Hier wurde ich immatriculirt, mußte die No. des Hauses und den Namen der Straße angeben, wo ich wohnte, auch mußte ich eigenhändig meinen Namen und den Wahlkreis, wo ich gewählt wurde in ein großes Buch schreiben, und hiermit hatte die Anmeldung ihr Ende. Ich erhielt nun eine Legitimationskarte als Abgeordneter der II. Kammer und konnte abgehen." Nach einem anschließenden Mittagessen und einer kleinen Besichtigungstour durch die Stadt „kamen wir auch endlich wieder bei der Wohnung an, wo ich mich morgens eingemietet hatte, nämlich auf der Friedrichstraße No. 193. Hier kehrten wir nun ein, nahmen das vorher gemiethete Zimmer nun gemeinschaftlich in Augenschein. Herr Rhoden fand nichts weiter dabei zu erinnern, als dass der

monatliche Mieths-Betrag von 7 Thalern zuviel sei, und das umsomehr, als ich Morgens noch nicht mal Kaffee in dem Haus erhalten konnte. Da ich zum Glück noch keinen festen Kontrackt, wenigstens nicht auf bestimmte Zeit abgeschlossen hatte, so zog ich hier Mittwoch Morgen wieder aus, nach einem anderen Locale, auf der Kleinen Kirchgasse No. 2. Hier bekam ich zwei schöne meublirte Zimmer, die auch nicht mehr als monatlich 7 Taler kosten. Zudem sind die Bewohner des Hauses katholisch, und wie mir scheint .... sehr redliche und brave Leute. ... Diese Zimmer kann ich aber nicht länger als diesen Monat behalten, dann bezieht Herr Rhoden dieselben ...".[25]

Engberts Freude darüber, das überteuerte Quartier losgeworden zu sein, wird verständlich, wenn man als weiteres Zeugnis Briefe heranzieht, die der Abgeordnete Breitzke fast ein Jahrzehnt später, seit Januar 1859, an seine Frau in Köslin in Hinterpommern richtete. Breitke, der als Major a.D. eine fünfköpfige Familie mit 75 Reichstalern Pension ernähren musste, schreibt am 12. Januar, dem Tag nach seiner Ankunft in Berlin: „Heute ... bin ich nun in mein Quartier eingezogen, Leipziger Straße Nr. 68, dem Koch Ritter gegenüber, bei einer Mademoiselle Neumann. Ich habe aber nur eine Stube ohne Alkoven. Dafür zahle ich mit Heizung, Licht, Frühstück d.h. Kaffee und Mittag täglich 1 Reichstaler 8 Silbergroschen. Dieses Quartier habe ich vorläufig auf eine Woche gemietet. Ich danke nur zunächst Gott, dass ich eine bleibende Stätte gefunden habe."[26]

Die Sorgen über die finanziellen Belastungen durch das Abgeordnetenhausmandat durchziehen, verbunden mit detaillierten Berechnungen, wie er denn mit dem zur Verfügung stehenden Geld auskommen könne, die gesamte Korrespondenz, die bis zum Ende der parlamentarischen Tätigkeit Breitzkes im Januar 1867 vorliegt. Oft weiß er nicht nur nicht, wo er zu Abend essen soll – teure Restaurants kommen ohnehin nicht infrage –, sondern überlegt, ob er aus Sparsamkeitsgründen auf das Abendessen nicht ganz verzichten soll. Mitten in komplizierten Berechnungen ruft er schließlich fast verzweifelt aus: „So ein Deputierter kostet doch viel mehr als ich dachte!"[27] Denn mit den Kosten für Unterkunft und Verpflegung war es nicht getan. Um politisch auf dem Laufenden zu sein, musste er zwei Tageszeitungen halten; eine Ausgabe, die um so notwendiger war, als die Ausstattung der Bibliothek im Abgeordnetenhaus in der Leipziger Straße nicht nur in räumlicher Hinsicht, sondern auch in ihrem Literaturbestand außerordentlich zu wünschen übrig ließ, wie in zahlreichen Redebeiträgen zum Bibliotheksetat immer wieder deutlich wurde. Häufig konnte auch auf die Benutzung einer Droschke nicht verzichtet werden, und zwar insbesondere bei Einladungen zu den überraschend häufigen Empfängen und Soireen bei einem Minister. An diesen teilzunehmen war Teil der politischen Verpflichtungen, wobei die Nutzung einer Droschke zum Prestige eines Abgeordneten ebenso gehörte wie der großzügige Umgang mit dem Trinkgeld für die Bedienten des Gastgebers. Am Schluss eines Briefs, in dem Breitzke seiner Frau von einem großen Diner berichtete, an dem teilzunehmen „nicht zu vermeiden" war und das am 24. Januar 1859 zum Geburtstag Friedrichs des Großen „im Maederschen Saale unter den Linden" stattfand, rechnet er zusammen: „Das Essen mit zweimal Droschke kostet 3 Reichstaler 17 einhalb Silbergroschen."[28]

Das war bereits mehr als der Tagessatz von drei Talern Diät, die jedes Mitglied des *Abgeordnetenhauses* während der Sitzungsperiode erhielt. Diese Diäten wurden gezahlt, damit die Mitglieder des Parlaments, wie es in Artikel 83 der Verfassung hieß, als „Vertreter des ganzen Volkes … nach ihrer freien Überzeugung stimmen" konnten und „an Aufträge und Instruktionen nicht gebunden" wurden.[29] Es handelte sich also vor allem um ein Instrument zur Verhinderung der Bildung von Parteien, an die vermögenslose Abgeordnete, deren Teilnahme am parlamentarischen Leben offensichtlich nicht zu vermeiden war und zu denen eben nicht nur Tagelöhner, sondern immerhin auch ein ehemaliger Berufsoffizier wie Breitzke gerechnet werden müssen, sich finanziell hätten binden müssen, wenn sie ihr Mandat ohne Diäten hätten ausüben wollen.

Der Tagessatz von drei Talern scheint durchaus nicht kleinlich bemessen gewesen zu sein. Er lag auf der Ebene des Einkommens der oberen Mittelränge preußischer Staatsbeamter, war achtmal so hoch wie das Gehalt eines – allerdings notorisch unterbezahlten – preußischen Volksschullehrers und entsprach ungefähr dem eines Kreisrichters.[30] Wenn man allerdings das hohe Preisniveau der Hauptstadt in Rechnung stellt und die zahlreichen mit Kosten verbundenen Verpflichtungen, die auf die Abgeordneten zukamen, und wenn man überdies die minutiösen Berechnungen bedenkt, die Breitzke anstellen musste, um festzustellen, ob er mit den Diäten in Berlin auskommen würde, wird ziemlich klar, dass bei einer nur gering aufwendigen Lebensführung aus dem privaten Vermögen zugelegt werden musste. Breitzke berichtet, der Abgeordnete von Bockum-Dolffs, der zwar in Kiskalts Hotel am Dönhoffsplatz wohnte, das zu den ersten Häusern gehörte und gegenüber dem Abgeordnetenhaus lag, der aber ein sehr vermögender Unternehmer und Großgrundbesitzer war, habe ihm gesagt, „sein Geld schwände hin wie Schnee vor der Märzsonne".[31] Dass es einen nationalliberalen Abgeordneten aus Hannover gegeben haben soll, der mit einem Drittel seiner Diäten in Berlin auskam und mit den Ersparnissen „den Sommer hindurch in seiner Heimat als sorgenfreier Rentier saß", wie der Journalist August Stein 1897 zu berichten wusste, gehört wohl eher in den Bereich der Parlamentslegendenbildung.[32]

Natürlich lebten nicht nur von Bockum-Dolffs, sondern auch andere wohlhabende Abgeordnete auf recht großzügigem Fuß. Peter Reichenberger konnte es sich leisten, im Hotel de Russie abzusteigen. Dem Abgeordneten von Unruh – ein wohlhabender Unternehmer, der in den letzten Monaten Präsident der *Nationalversammlung* gewesen war – „muss es übrigens", wie Breitzke nach einem Besuch in dessen Berliner Wohnung berichtet, „gut gehen, es sieht sehr statiose bei ihm aus".[33] Wie abhängig allerdings vermögenslose Abgeordnete von den Diäten waren, berichtet von Unruh in seinen Erinnerungen an die *Nationalversammlung*. Nach der Vertagung am 9. November 1848 hatte die Regierung keine Diäten mehr bezahlt, ein Versäumnis, das sicherlich als politisches Druckmittel gedacht war, da die Abgeordneten sich am 27. November wieder hätten versammeln sollen und es sowohl wegen der damit verbundenen Kosten als auch wegen der Entfernung kaum möglich war, in der Zwischenzeit nach Hause zu fahren. Nach der Auflösung der Versammlung am 5. Dezember fehlte es dann auch einer Reihe von Abgeordneten, die sich in der Zwischenzeit wohl irgendwie durchgeschlagen hatten, selbst an Geld für die Heimfahrt. Nur dank großzügiger Spenden wohlhabender Abgeordneter, unter ihnen von Unruh selbst, konnten die notwendigen Mittel aufgebracht werden.[34]

„Parlamentsherrschaft" oder „Königsherrschaft"? Das Abgeordnetenhaus im Heeres- und Verfassungskonflikt

Zu den besonders hohen finanziellen Belastungen, denen Heinrich Breitzke, allerdings nur einmal, aber gleich zu Anfang seiner parlamentarischen Laufbahn, ausgesetzt war, gehörte eine Uniform, die er sich beim Schneider für 38 Reichstaler anfertigen lassen musste. Er hatte die feierliche Eröffnung im Weißen Saal „in Civil durchmachen müssen" und war „dem Prinzregenten durch den Grafen Schwerin so vorgestellt worden".[35] Diese Eröffnungen waren inzwischen unumstritten, und seit der letzten Eröffnung vor dem Eintritt Breitzkes, die am 20. Oktober 1858 stattgefunden hatte, waren sich die Mitglieder aller Fraktionen einig, in Uniform zu erscheinen. Die Opposition rechtfertigte ihre Beteiligung mit der Erklärung, dass es „jetzt der früheren Demonstrationen gegen die Zurückführung ständischer Gliederung nicht mehr" bedürfe.[36] Diese etwas unverständliche Formulierung bezieht sich auf die Tatsache, dass in den vergangenen Jahren vom König, der Hofpartei und einzelnen Ministern der Regierung Pläne entworfen worden waren, mit denen die moderne Volksvertretung in eine vormoderne ständische Körperschaft transformiert werden sollte, die nur wenig Entscheidungsrechte und vor allem die Funktion haben sollte, den König zu beraten. Gegen diese Politik hatten die Abgeordneten der Opposition symbolpolitischen Protest eingelegt, indem sie der Eröffnungsfeierlichkeit in Zivil beiwohnten. Dieser Protest schien jetzt überflüssig zu sein, da solche Pläne kaum noch Chancen auf Verwirklichung hatten. Friedrich Wilhelm IV. war bereits im Herbst 1857 wegen seiner psychischen Erkrankung nicht mehr in der

Lage, die Regierungsgeschäfte zu führen. Er wurde zunächst vom Kronprinzen, seinem jüngeren Bruder Wilhelm, vertreten, eine Regelung, die in der Verfassung nicht vorgesehen war, auf der aber der innere Kreis der sogenannten Hofpartei mit der Begründung bestand, der König sei nur vorübergehend an der Ausübung seiner Rechte gehindert. Erst nach einem Jahr war der Dauerzustand der Erkrankung Friedrich Wilhelms nicht mehr zu bezweifeln. Am 9. Oktober 1858 übernahm der Prinz die Regentschaft und berief noch am gleichen Tag die beiden Kammern des *Landtags* ein, denen nach Artikel 56 der Verfassung das Recht zustand, „in vereinigter Sitzung über die Notwendigkeit der Regentschaft (zu) beschließen".

Die Bereitschaft der Abgeordneten aller Fraktionen, zur Eröffnungssitzung am 20. Oktober Uniform zu tragen und damit dem Prinzregenten ein deutliches Signal ihrer Kooperationsbereitschaft zu geben, macht sichtbar, welche Hoffnungen mit dieser Regentschaftsübernahme verbunden wurden. Man sprach von einer „Neuen Ära", die jetzt beginne.

Und in der Tat gab es einige ermutigende Zeichen. Prinz Wilhelm, der noch 1848 den Beinamen „Kartätschenprinz" erhalten hatte, weil er im Einsatz von Kanonen das einzige Mittel zum Umgang mit der Revolution sah, hatte in den inzwischen vergangenen Jahren einen erheblichen politischen Sinneswandel durchgemacht. Unter dem Einfluss seiner Gemahlin Augusta, aber auch seiner Freunde aus der sogenannten „Wochenblattpartei", die sich 1853 aus Protest gegen Pläne zur Verfassungsrevision unter Führung von Moritz von Bethmann Hollweg von den Konservativen getrennt hatte und eine eigene, liberalkonservative, auf jeden Fall konstitutionelle Fraktion bildete, hatte der Prinz die Überzeugung gewonnen, dass Anfang der zweiten Hälfte

des 19. Jahrhunderts auch in Preußen nicht mehr gegen Verfassung und Parlament regiert werden könne. Bereits am Vorabend der Übernahme der Regentschaft wurde der Innenminister Ferdinand von Westphalen, in dessen Ministerium Pläne zur Verfassungsrevision ausgearbeitet worden waren, entlassen; am 5. November entließ der Prinzregent auch die anderen Minister und berief an ihre Stelle ein Ministerium, an dessen Spitze als Ministerpräsident der Fürst von Hohenlohe-Sigmaringen stand und in dem die Mehrheit der Minister der „Wochenblattpartei" angehörte.[37]

Die Hoffnungen, die der Prinzregent auch mit der programmatischen Formulierung „In Deutschland muß Preußen moralische Eroberungen machen" bei den Liberalen geweckt hatte, deren Ziel die Einigung des Nationalstaats mit der Erwartung verknüpft war, dieser Staat bilde das Feld für eine weitere Entwicklung der politischen Liberalisierung, die in den Einzelstaaten teils gescheitert, teils stecken geblieben war, wurden enttäuscht. Die „Neue Ära" endete 1862 mit dem Beginn des sogenannten Heereskonflikts.[38]

Der Prinzregent hatte von Anfang an keinen Zweifel an seiner Absicht der Durchführung einer Heeresreform gelassen und war dabei auf die Kooperationsbereitschaft der Liberalen gestoßen. Die innere Organisation der Armee beruhte nach wie vor auf den Wehrgesetzen, die zwischen 1814 und 1819 erlassen worden waren. Darin war die Friedenspräsenzstärke auf 40.000 Mann festgelegt, die auf die damalige preußische Bevölkerungszahl von elf Millionen bezogen war. Inzwischen war die Bevölkerungszahl auf 18 Millionen gestiegen, die Friedenspräsenzstärke dem Bevölkerungswachstum aber nicht angepasst worden, so dass die Mehrheit der Wehrpflichtigen gar nicht eingezogen werden konnte.

Dieser Verstoß gegen die allgemeine Wehrpflicht, die zu den Errungenschaften der preußischen Reformen gezählt hatte und das moderne Prinzip der Partizipation der Bürger eines Staates an dessen Angelegenheiten verkörperte, musste auch den Liberalen zuwider laufen. Die Notwendigkeit der Heeresvermehrung – auch für den Fall, dass auf dem Weg der nationalstaatlichen Einigung an die Stelle der moralischen Eroberungen militärische treten würden – war unumstritten.

Zwischen dem König und der Militärpartei einerseits und der Volksvertretung andererseits gab es allerdings Meinungsverschiedenheiten in zwei Fragen. Der Reformplan des konservativen Generals von Roon, der seit Dezember 1859 als Kriegsminister amtierte, sah die Auflösung der Landwehrregimenter ersten Aufgebots und deren Übernahme in die reguläre Linienarmee vor. Zwar wurde diese Maßnahme unter Effektivitätsgesichtspunkten von allen Militärsachverständigen empfohlen; die Liberalen sahen darin jedoch einen Angriff auf die neben der allgemeinen Wehrpflicht wichtigste Errungenschaft der Reformen, den „Bürger in Uniform", die auch den Mitgliedern der preußischen Gesellschaft, deren Stimme durch das Dreiklassenwahlrecht fast wertlos war, eine Teilnahme an den Angelegenheiten des Staates als dessen „geborene Verteidiger" ermöglichte. Ebenso auf Widerstand von liberaler Seite traf der Plan, die aktive Dienstzeit von zwei auf drei Jahre zu verlängern. Zwar waren die Militärsachverständigen sich einig, dass eine zweijährige Dienstzeit völlig ausreichend wäre; König Wilhelm jedoch – der Prinzregent hatte nach dem Tod seines Bruders im Januar 1861 den Thron bestiegen – beharrte auf der dreijährigen Dienstzeit, da er der Überzeugung war, dass zwar in zwei Jahren gute Soldaten ausgebildet werden könnten, aber erst im dritten Dienstjahr der Standesgeist entwickelt werde, der aus dem Soldaten einen überzeugten Angehörigen des Militärs mache, das im Königreich Preußen einen von der Zivilgesellschaft abgesonderten Bereich bildete.

Die politischen Konfliktlinien, die sich hier abzeichnen, wurden akut durch eine Meinungsverschiedenheit in der Verfassungsinterpretation. Das Parlament vertrat den Standpunkt, dass die Reorganisation des Heeres nur verwirklicht werden könne auf der Grundlage eines neuen Wehrgesetzes, das vom *Abgeordnetenhaus* verabschiedet werden müsse; die Regierung dagegen wollte die Reorganisation im Rahmen der militärischen Kommandogewalt des Königs, die dem Einfluss des Parlaments entzogen war, durchführen. Sie war gleichwohl bereit, im Januar 1860 den Volksvertretern ein neues Wehrgesetz vorzulegen. Die liberale Mehrheit konnte diesem Gesetz, das die Abschaffung der Landwehr ersten Aufgebots und die Verlängerung der Dienstzeit vorsah, ihre Zustimmung nicht geben; da umgekehrt die Regierung nicht bereit war, auf diese beiden Maßnahmen zu verzichten, wurde das Gesetz zurückgezogen. Gleichzeitig jedoch war ein Finanzgesetz mit der zusätzlichen Summe vorgelegt worden, mit der die Reorganisation vorgenommen werden sollte. Das *Abgeordnetenhaus* war bereit, diesem Gesetz zuzustimmen, unter dem Vorbehalt allerdings, dass es sich bei der Reorganisation nur um eine provisorische Maßnahme handle, so lange kein neues Wehrgesetz definitiv verabschiedet worden sei. Die Regierung beließ es jedoch keineswegs bei provisorischen Maßnahmen. Als im Januar des nächsten Jahres erneut ein Finanzgesetz zur Fortführung der Reorganisation vorgelegt wurde, aber kein Wehrgesetz, war die Mehrheit zur erneuten Zustimmung nur bereit unter der Maßgabe, dass dem nächsten *Landtag*, der im De-

zember des gleichen Jahres gewählt werden sollte, ein Wehrgesetz vorgelegt werden würde. König und Regierung lie-
ßen jedoch explizit keinen
Zweifel daran, dass bereits
vollendete Tatsachen geschaf-
fen worden waren.

Die Landtagswahlen im De-
zember 1861 brachten den Liberalen dramatische Gewinne.
Im Januar 1862 wurde erneut
das bereits zwei Jahre zuvor ab-
gelehnte Wehrgesetz vorgelegt. Das Parlament war jedoch weder zur Verabschiedung dieses Gesetzes vor einer
gründlichen Revision noch zu
einer weiteren provisorischen

*„Die verhängnis-
volle Begegnung",
Karikatur aus:
Kladderadatsch,
1863.
Der Abgeordnete,
der bergauf reitet,
liest den Kommis-
sionsbericht über
das Militär-
Budget, während
Ministerpräsident
Bismarck ihm ent-
gegenkommt und
den Reorganisa-
tionsplan in der
Hand hält*

Finanzierung der Reorganisation bereit. Als der
Abgeordnete Hagen den Antrag stellte, die allgemeinen Titel des Etats zu spezifizieren, um die
Regierung an der verdeckten Finanzierung der
Reorganisation zu hindern, und als das Parlament diesen Antrag mit Mehrheit annahm, war
der Bruch vollzogen. Der König löste das *Abgeordnetenhaus* auf und entließ die Minister der
„Neuen Ära", deren Berufung dreieinhalb Jahre
zuvor mit so großen Hoffnungen verbunden
worden war. Am 6. Mai 1862 fanden Neuwahlen
statt, bei denen die Liberalen ihre Gewinne noch
steigern konnten; die Konservativen waren in
dieser Legislaturperiode nur noch mit elf Abgeordneten vertreten.

In den folgenden Wochen und Monaten war das
Abgeordnetenhaus der Schauplatz von Auseinandersetzungen, bei denen beide Seiten wiederholt eine Annäherung versuchten, die jedoch an
der hartnäckigen Weigerung des Königs auf die
dreijährige Dienstzeit zu verzichten scheiterte.

Die endgültige Lösung ergab sich aus der Berufung Otto von Bismarcks zum Ministerpräsidenten am 22. September 1862. Bismarck war bereit, auch ohne einen vom Parlament verab-
schiedeten Haushalt zu regieren, ein Plan, den
der König offenbar wiederholt, auch gegen den
Rat seiner Minister, erwogen hatte. Als das Parlament am 3. Oktober den Gesamthaushaltsplan
für 1862 – der für 1863 war wieder zurückgezogen worden – nur unter Streichung der Mili-
tärausgaben annahm, schloss der König die Sitzungsperiode am 13. Oktober mit einer Königlichen Botschaft, in der er ankündigte, „den
Staatshaushalt ohne die in der Verfassung voraus-
gesetzte Grundlage" zu führen. Damit begann eine fünf Jahre dauernde Periode der Regierung
ohne ein Budget, das verfassungsgemäß vom *Abgeordnetenhaus* verabschiedet worden wäre.

Zwar wurde in den folgenden Jahren wiederholt
ein Wehrgesetz und ein Haushaltsgesetz vorgelegt; da aber der König – wohl auch gegen den

Rat Bismarcks – an der dreijährigen Dienstzeit festhielt, blieb das Wehrgesetz für das *Abgeordnetenhaus* unannehmbar. Das Haushaltsgesetz wurde regelmäßig nur mit erheblichen Kürzungen verabschiedet, die für die Regierung unannehmbar waren, da sie den Ausbau des reorganisierten Heeres unmöglich machten. Zwar hatte das *Herrenhaus* zweimal den von der Regierung vorgelegten Haushalt angenommen; aber abgesehen davon, dass nach der Verfassung das *Herrenhaus* nur Gesetze annehmen und ablehnen konnte, die zuvor vom *Abgeordnetenhaus* verabschiedet worden waren, bleibt die Tatsache bestehen, dass Gesetze nur Gültigkeit hatten, wenn alle drei gesetzgebenden Gewalten – *Abgeordnetenhaus*, *Herrenhaus* und König – zugestimmt hatten, und dass weder die Regierungsvorlage noch die reduzierte Fassung diesem Kriterium genügten.
Der Heereskonflikt hatte sich zum Verfassungskonflikt entwickelt.[39] Die preußische Verfassung sah keine Regelung für den Fall vor, dass die königliche Regierung einerseits und die Volksvertretung andererseits in einem Konflikt zu keiner Einigung fanden. Zwei Lösungsmöglichkeiten standen einander gegenüber. Einerseits die

sogenannte „Appelltheorie", andererseits die sogenannte „Lückentheorie". Die in den zeitgenössischen Verfassungsinterpretationen gängige Appelltheorie sah bei unüberbrückbaren Meinungsverschiedenheiten den Appell an die Wähler vor. Die Neuwahlen während des Konflikts – im September 1863 war das Parlament erneut vorzeitig aufgelöst worden, ohne dass die Neuwahlen im Oktober nennenswerte Unterschiede ergeben hätten – hatten aber immer wieder zu liberalen Mehrheiten geführt. Da der König nicht bereit war, die damit getroffene Entscheidung zu akzeptieren, entwarf sein neuer Ministerpräsident die „Lückentheorie", die im Grunde besagte, dass bei einer Lücke in der Verfassung die Entscheidung bei der Seite liege, die faktisch die Macht in Händen halte. Wenn kein Etatgesetz in der von der Verfassung vorgesehenen Form zustande komme, müsse die Regierung die Geschäfte ohne dieses Gesetz führen.
Man wird die mangelnde Bereitschaft des *Abgeordnetenhauses* zum Kompromiss in der Dienstzeitfrage nur verstehen, wenn man bedenkt, dass das andauernde Regieren ohne gesetzlich festgelegten Haushalt ein Verfassungsbruch war. Um-

gekehrt war die Hartnäckigkeit, mit der König Wilhelm an der dreijährigen Dienstzeit festhielt, Ergebnis seiner Befürchtung, das *Abgeordnetenhaus* wolle mit seiner Verweigerungshaltung die königliche Macht schmälern. Er wurde in dieser Meinung bestärkt durch die Formel „Parlamentsherrschaft" gegen „Königsherrschaft", die von seinen militärischen Beratern benutzt wurde in der Absicht, die Befürchtungen des Königs zu verstärken und allen Tendenzen zur Kompromissbereitschaft von seiner Seite die Grundlage zu entziehen. Den Mitgliedern des *Abgeordnetenhauses* ging es jedoch keineswegs um die Einführung der parlamentarischen anstelle der konstitutionellen Monarchie. In allen Debatten und in allen Appellen an König und Regierung war nur von der Einhaltung der bestehenden Verfassung die Rede. Zwar sah diese Verfassung die Mitbestimmung der Volksvertretung in den Angelegenheiten des Staates vor; die königliche Kommandogewalt wurde jedoch ebenso wenig infrage gestellt wie das Recht des Königs, über die Verwaltung zu verfügen und insbesondere nach freiem Entschluss die Minister zu ernennen, ein Recht, das im Parlamentarismus der Volksvertretung zukommt, aus deren Reihen die Regierung sich rekrutiert.

Die „Neue Ära" und der Verfassungskonflikt hatten gezeigt, wie stark das Verfassungsverständnis des Königs und der Regierung, aber auch der Mehrheit der Konservativen noch geprägt war von dem Gedanken nicht der Gleichrangigkeit der Verfassungsinstanzen, sondern der Unterordnung des Parlaments unter die königliche Regierung. An einer unscheinbaren Äußerung, die überdies in einem halb-privaten Gespräch fiel, wird prägnant sichtbar, welche Vorstellung der König von der Beziehung hatte, in der das Parlament zu ihm stand. Während eines Abendessens im Juni 1862 soll er gegenüber dem Präsidenten

des *Abgeordnetenhauses* Wilhelm Grabow – der bereits der erste Präsident der *Preußischen Nationalversammlung* gewesen, im Hauptberuf Oberbürgermeister von Prenzlau und als Parlamentspräsident während des ganzen Verfassungskonflikts einer der schärfsten Gegner der Regierungspolitik war – „immer von meinem Abgeordnetenhaus gesprochen" haben, so wie er gewohnt war, von „meiner Armee" und von „meinen Ministern" zu sprechen, die seine Berater und im Extremfall seine Exekutivorgane waren. Friedrich von Rönne kommentierte diese Formulierung in einem Brief an Robert von Mohl mit den Worten: „Vom wahren Konstitutionalismus hat er gar keine Idee."[40]

Dass die Haltung der Regierung und ihrer Vertreter sich davon nicht grundsätzlich unterschied, wird wiederum an einer scheinbaren Kleinigkeit sichtbar. Als der Geheime Regierungsrat von Wolff am 23. November 1866 in der Sitzung des *Abgeordnetenhauses* im Rahmen der Diskussion über den Etat des Hauses im Auftrag des Innenministers insbesondere zu den vorliegenden Anträgen sprach, die den zügigen Beginn von Planungen für einen Parlamentsneubau forderten, gab er zu verstehen, dass auch die Regierung „von der Unzulänglichkeit des gegenwärtigen Dienstgebäudes" überzeugt sei und deshalb lange schon den Plan erwäge, „ein Dienstgebäude für das Haus der Abgeordneten herzustellen".[41] Der Abgeordnete von Unruh glaubte deshalb im Rahmen der Begründung des Antrags deutlich darauf hinweisen zu müssen, dass er „hier nicht von einem Diensthause, sondern von einem Parlamentsgebäude" spreche. Dieser Hinweis von Unruhs wurde nicht nur auf der linken Seite des Hauses, auf der einzelne Abgeordnete mit „Hört! Hört!" Zwischenrufen reagierten, sondern auch auf der rechten verstanden. Der konservative Abgeordnete Graf

Bethusy-Huc wollte sich explizit „gegen den Gegensatz verwahren, welchen der Herr Abgeordnete von Unruh zwischen den Begriffen ‚Parlament' und ‚Dienst' finden zu müssen gemeint hat. Das Wort ‚Dienst' hat in Preußen eine historische Bedeutung"; der Graf steht nicht an zu erkläre, er seinerseits sei „stolz darauf, als Parlamentsmitglied dem Staate hier meinen ‚Dienst' zu thun". Diese metaphorische Identifikation der Tätigkeit eines Volksvertreters mit der Abhängigkeit eines Staatsdieners – ganz im Sinne der königlichen Rede von „meinem Abgeordnetenhaus" – blieb nicht unwidersprochen. Der liberale Abgeordnete Dr. Löwe erklärte, dass der Begriff „Dienstgebäude", wenn er „von einer anderen Seite gekommen wäre", vielleicht akzeptabel gewesen wäre. „Wenn diese Äußerung" so Löwe weiter, „aber von diesem Tische aus fällt (auf den Ministertisch deutend), so muß ich doch bemerken, daß bis jetzt von diesem Tische aus noch keine besondere Freude über unsere Dienste, über die Dienste, welche hier in diesem Hause geleistet sind, kundgegeben ist; überhaupt" – und er kommt damit auf die Unterschiede zwischen parlamentarischer und bürokratischer Tätigkeit zurück – „muß man doch den Ausdruck nehmen, wie er im gewöhnlichen Sinne gebraucht wird".

Mit aller wünschenswerten Klarheit hat der Abgeordnete Rudolf Virchow, der für seine politische Tätigkeit das gleiche hohe Ansehen verdient wie für seine Erfolge als Mediziner, in einem seiner fulminanten Redebeiträge diesen ganzen Komplex abschließend dargestellt: „Der Gesichtspunkt, daß dieses Haus als das eigentliche Haus des ‚Abgeordnetenhauses', als das Haus des Parlaments zu betrachten ist, dieser Gesichtspunkt, meine Herren, führt zu der Differenz, in der wir uns mit dem Grafen Bethusy-Huc befinden. … Was Herr von Unruh sagt, sollte doch

nur heißen: Die Frage sei, ob dieses Haus mehr als ein Dienstgebäude des Parlaments, oder mehr als ein Dienstgebäude im gewöhnlichen Sinne, also z. B. ein dem Ministerium des Innern unterstehendes Dienstgebäude zu betrachten sei." Virchow erklärte, er wolle auf Einzelheiten, die sich aus der Tatsache ergäben, dass die Regierung grundsätzlich davon auszugehen scheine, „daß es sich um das letztere" handle, nicht weiter eingehen, aber er glaube, „wir müssen dem Ministerium gegenüber den Gesichtspunkt feststellen, daß dies unser Haus ist, und nicht sein Haus, und daß, wenn wir es als ein Dienstgebäude betrachten, wir es als ein Dienstgebäude des Parlaments und nicht als ein Dienstgebäude des Ministeriums des Innern ansehen".

„Wenn der Präsident spricht,
so hat hier jeder zu schweigen"
Zur politischen Funktion der
Geschäftsordnung

Die Frage nach dem Inhaber des Hausrechts führte auf einem der ersten Höhepunkte des Verfassungskonflikts im Mai 1863 zum Eklat. Auf der Sitzung am 11. Mai hatte Kriegsminister von Roon das Wort ergriffen, um Verwahrung gegen die Aussagen einiger Vorredner einzulegen, die dem Ministerium Verfassungsbruch vorgeworfen hatten, vor allem aber gegen den Abgeordneten Heinrich von Sybel, der ihm das Recht von Patriotismus zu reden abgesprochen hatte, da er „das Hindernis des Friedens zwischen König und Volk" sei.[42] Als Roon glaubte, diese Äußerung „als eine ganz unberechtigte Anmaßung" bezeichnen zu können, wurde er von dem Vizepräsidenten des Parlaments von Bockum-Dolffs, der die Sitzung leitete, unterbrochen.

Vice-Präsident **v. Bockum-Dolffs:** Ich muß den Herrn Kriegs-Minister unterbrechen.

Kriegs-Minister **v. Roon:** Ich bitte mich nicht zu unterbrechen.

Vice-Präsident **v. Bockum-Dolffs** (Unter Schellen mit der Glocke.): Ich habe zu sprechen und ich unterbreche den Herrn Kriegs-Minister.

Kriegs-Minister **v. Roon:** Ich muß um Verzeihung bitten, ich habe das Wort und werde es nicht fortgeben.

(Glocke des Präsidenten.)

Ich habe das Wort, das steht mir nach der Verfassung zu und keine Schelle und kein Winken und keine Unterbrechung . . . . . .

(Glocke des Präsidenten. Ruf: „Zur Ordnung"! und „Schweigen"! und große Unruhe.)

Vice-Präsident **v. Bockum-Dolffs:** Wenn ich den Herrn Kriegs-Minister zu unterbrechen habe, so hat er zu schweigen

(Stimmen rechts Oh! Oh! Lebhaftes Bravo! links.)

und zu dem Ende bediene ich mich der Glocke, und wenn der Herr Minister dem nicht Folge geben sollte, so verlange ich jetzt, mir meinen Hut zu bringen.

Kriegs-Minister **v. Roon:** Ich habe gar nichts dagegen, wenn der Herr Präsident seinen Hut

(Viele Stimmen links: „Schweigen.")

sich bringen lassen will; ich muß aber bemerken . . . . . .

(Große Unruhe und laute Zurufe von links.)

Meine Herren, 350 Stimmen sind lauter als eine. Ich verlange mein constitutionelles Recht. Ich kann sprechen nach der Verfassung, wenn ich will, und es hat Niemand das Recht, mich zu unterbrechen.

Vice-Präsident **v. Bockum-Dolffs** (unter wiederholten Zeichen mit der Glocke): Ich unterbreche den Herrn Kriegs-Minister. Wenn der Präsident spricht, so hat hier Jeder zu schweigen, und Jeder, der hier im Hause ist, sei es hier unten, sei es auf den Tribunen, er hat dem Präsidenten Folge zu geben, und wenn hier wirklich etwas vorgekommen wäre, was gegen die Ordnung des Hauses verstoßen hätte, so würde es meine Sache gewesen sein, das zu rügen. Ich habe das nicht gethan, denn der Herr Vorredner hat sich in seinem Rechte befunden.

(Bravo! Links. Zischen rechts.)

Jetzt ertheile ich dem Herrn Kriegs-Minister das Wort.

Kriegs-Minister **v. Roon:** Ich muß bemerken, daß ich wiederholt protestire gegen das Recht, welches der Herr Präsident sich der Königlichen Regierung gegenüber nimmt. Ich meine, die Befugniß des Herrn Präsidenten geht, wie schon bei einer früheren Gelegenheit gesagt worden ist, bis an diesen Tisch und nicht weiter!

(Heftiger Widerspruch links, und Zischen rechts. Große Unruhe. Der Vice-Präsident v. Bockum-Dolffs bedeckt sein Haupt, und alle Mitglieder erheben sich, links unter lebhaftem Bravo!)

Vice-Präsident **v. Bockum-Dolffs:** Das heißt, die Sitzung ist für eine Stunde vertagt, meine Herren,

(Vertagung der Sitzung um 12 Uhr 50 Minuten.)

Als der Präsident eine Stunde später die Sitzung wieder eröffnete, waren weder von Roon noch ein anderes Mitglied der Regierung anwesend. Da der Regierungskommissar Oberst von Bose erklärte, „daß die Herren Minister verhindert sind, der heutigen Sitzung ferner beizuwohnen", beschloss das Plenum, die Beratung der Militärvorlage, also des Wehrgesetzes, am nächsten Tage fortzusetzen.

Oben:
Auszug aus den Stenographischen Berichten des Abgeordnetenhauses

Unten:
Kriegsminister von Roon bei einer Rede im Abgeordnetenhaus, rechts im Hintergrund Bismarck, Karikatur aus: Kladderadatsch, 1863

Die Minister blieben auch am nächsten Tag der Sitzung fern.[43] Stattdessen lag ein Brief des *Staatsministeriums* vor mit der Erklärung, „die Minister würden sich der Teilnahme an den Berathungen des Abgeordnetenhauses so lange enthalten", bis dem *Staatsministerium* „durch das Präsidium die hierdurch erbetene Erklärung zugeht, daß eine Wiederholung des heutigen" – der Brief stammte vom Vortage – „der gesetzlichen Begründung entbehrenden Verfahrens gegen ein Mitglied des Staats-Ministeriums nicht in Aussicht steht".

Zur Begründung wurde angeführt, dass mit der Unterbrechung des Ministers durch den Präsidenten das den Ministern laut Artikel 60 der Verfassung zustehende Recht, im Parlament „auf ihr Verlangen zu jeder Zeit gehört (zu) werden", verletzt worden sei. Im Gegenzug glaube deshalb die Regierung, dem im gleichen Artikel formulierten Recht des Parlaments, „die Gegenwart der Minister (zu) verlangen", „nicht nachkommen zu können". Die nach der Geschäftsordnung dem Präsidenten zustehende Disziplinargewalt gegenüber den Mitgliedern des Parlaments, die ihm die Möglichkeit gab, Abgeordnete etwa bei einer beleidigenden Äußerung gegenüber einem anderen Mitglied des Hauses zur Ordnung zu rufen und nach wiederholten Ordnungsrufen das Wort zu entziehen, erstrecke sich nicht auf die im Hause redenden Mitglieder der Regierung. „Das Präsidium" aber habe „unter Berufung auf die ihm angeblich zustehenden Disziplinar-Befugnisse einen Minister unterbrochen und ihm Schweigen auferlegt".

Das Plenum überwies diesen Brief zur Beratung und zur Beantwortung an die Geschäftsordnungskommission, die sofort nach dem Ende der Sitzung, die nur eine halbe Stunde dauerte, zusammentrat. Bereits drei Tage später, am 15. Mai, lag der Bericht der Kommission zur Plenardebatte vor.[44] Wie groß die Bedeutung war, die das *Abgeordnetenhaus* dieser Angelegenheit beimaß, wird sichtbar an der Tatsache, dass Plenum und Präsidium in der Sitzung am 12. Mai ausdrücklich darauf verzichtet hatten, die Regel der Geschäftsordnung anzuwenden, nach der jeder Kommissionsbericht vor der Plenardebatte zunächst drei Tage lang gedruckt den

Mitgliedern des Hauses vorliegen musste. Die Kommission war zu der in der langen Debatte von einigen Rednern bestätigten Ansicht gelangt, dass die Disziplinargewalt des Präsidenten mit der ganzen Angelegenheit gar nichts zu tun gehabt habe. Der Präsident habe den Minister keineswegs zur Ordnung rufen wollen, sondern nur von seinem Recht Gebrauch gemacht, zur ordnungsgemäßen Leitung der Sitzung jeden Redner jederzeit unterbrechen zu können, um selbst das Wort zu ergreifen. Es habe, wie im Verlauf des Wortwechsels deutlich geworden sei, nur in der Absicht des Präsidenten gelegen, den Redner darauf aufmerksam zu machen, dass die Beurteilung der Äußerung eines Redners nur in die Kompetenz des Präsidenten falle, der, hätte er die vom Kriegsminister beklagte Formulierung als „unberechtigte Anmaßung" aufgefasst, diese Formulierung gerügt haben würde.

Die Versammlung nahm daraufhin mit überwältigender Mehrheit die Vorlage der Kommission an. Darin wurde erklärt, „daß der Präsident vermöge des ihm allein zustehenden Rechtes, die Verhandlungen zu leiten und die Ordnung im Hause aufrecht zu erhalten – Art. 78 der Verfassungs-Urkunde, § 11 der Geschäfts-Ordnung – jeden Redner – auch die Minister und deren Vertreter – unterbrechen kann; daß durch eine solche Unterbrechung das verfassungsmäßige Recht der Minister, zu jeder Zeit gehört zu werden, nicht beeinträchtigt wird; daß es hingegen verfassungswidrig ist, wenn die Minister ihre Gegenwart im Hause willkürlich von Vorbedingungen abhängig machen; daß sich demnach das Haus nicht veranlaßt findet, auf das in dem Schreiben des Königlichen Staats-Ministeriums vom 11 d.M. ausgesprochene Verlangen einzugehen."

Das *Abgeordnetenhaus* forderte überdies den Kriegsminister auf, zur weiteren Beratung der

Militärvorlage in der nächsten Sitzung wieder im Parlament zu erscheinen. Da das *Staatsministerium*, das die geforderte Erklärung nicht erhalten hatte, jedoch bei seiner Weigerung blieb, setzte das Parlament am 18. Mai den Gesetzentwurf „bis auf weiteres" von der Tagesordnung ab. Damit war die Vorlage faktisch abgelehnt, da die Sitzungsperiode sich ihrem Ende näherte und der König das *Abgeordnetenhaus* am 2. September vorzeitig auflöste.

An diesem Beispiel wird deutlich, welch große politische Bedeutung der Geschäftsordnung zukam. Besonders gravierende Folgen hatte das Verfahren, alle Abgeordneten am Beginn der Legislaturperiode per Los einer der sieben Abteilungen zuzuteilen.[45] Bei den klaren Mehrheitsverhältnissen in den Parlamenten der 1850er Jahre wurden diese Abteilungen in aller Regel von den die Regierung unterstützenden Gruppen majorisiert. Diese Abteilungen waren ursprünglich als Miniaturparlamente gedacht, in denen auch die Abgeordneten zu Wort kommen sollten, die im Plenum kaum Gelegenheit hatten, an Debatten teilzunehmen, bei denen vielmehr vor allem die Meinungsmacher der Fraktionen auftraten. Die sieben Abteilungen hatten erheblichen Einfluss auf die Zusammensetzung der neun ständigen Kommissionen, in denen die Gesetze vorberaten wurden. Jede Abteilung wählte aus ihrer Mitte in jede Kommission je zwei Mitglieder. Da die regierungsnahen Majoritäten in den Abteilungen natürlich kein Interesse an der Wahl von Vertretern der Opposition hatten, ergab die Zusammensetzung der Kommissionen eine weitere Verschiebung der Mehrheitsverhältnisse zugunsten der Majorität des Hauses. In der IV. Legislaturperiode (1855-1858) betrug das Zahlenverhältnis der konservativen regierungsnahen Mehrheit zur liberalen Opposition 226 zu 116. In den Kommissionen

dagegen standen insgesamt 171 Mehrheitsabgeordnete ganzen elf Angehörigen der Opposition gegenüber. Wenn die Mitgliederzahl in den Kommissionen den Mehrheitsverhältnissen im Plenum entsprochen hätte, würde sich ein Verhältnis von 120 zu 62 ergeben haben.

Diese Verschiebung war um so gravierender, als alle Gesetzesvorlagen ohne eine erste Lesung im Plenum sofort an die zuständigen Kommissionen überwiesen wurden. Die Kommissionen wiederum bearbeiteten und modifizierten die Vorlagen in ihrem Sinn, bevor sie dem Plenum vorgelegt wurden. Die Vorlage übernahm der von der Kommission gewählte Berichterstatter, der unweigerlich der Majorität angehörte und seinen Bericht im Sinne dieser Majorität abfasste. Zwar musste der Bericht den Mitgliedern des Hauses gedruckt vorliegen; mangelnde Informationen jedoch, über die nur die Mitglieder der Kommission verfügten, machten es den Abgeordneten schwer, die Details zu verstehen und zu bewerten. „Wenn ein Thema einer Kommission zur Beratung überwiesen wird", erklärte der Abgeordnete Simson 1866 im Rahmen einer Geschäftsordnungsdebatte, in deren Folge einige Änderungen vorgenommen wurden, „so bilden sich im Haus zwei Kategorien, die sonst nur in geheimen Verbindungen vorzukommen pflegen: die Wissenden und die Nichtwissenden. Jene sind die, die den Sitzungen der Kommissionen beigewohnt haben; zu ihnen noch eine mittlere Gattung, die die Berichte wenigstens gelesen haben, und eine dritte Kategorie bildet sich möglicherweise aus solchen, welche weder das eine noch das andere getan haben."[46]

Erst nachdem der Berichterstatter der Kommission zu Beginn der ersten Plenardebatte über das Gesetz den Bericht kommentierend zusammengefasst hatte, hatten die Abgeordneten Gelegenheit zur Stellungnahme. Die Mitglieder der Opposition waren also häufig gezwungen, aus dem Stegreif Stellung zu den Gesetzesvorlagen zunehmen. Dies galt um so mehr, wenn es zuvor nicht möglich gewesen war, sich den Gesetzentwurf durch ein Kommissionsmitglied aus den eigenen Reihen in einer Fraktionssitzung erläutern zu lassen. Da nicht jede Fraktion der Opposition in allen Kommissionen vertreten war, konnten solche Vorbereitungen nicht immer durchgeführt werden. Erst ab 1867 – die Geschäftsordnung wurde nicht geändert, aber die Regel stillschweigend fallen gelassen – konnten die Abteilungen bei der Wahl der Kommissionsmitglieder Abgeordnete des ganzen Hauses berücksichtigen. Überdies wurde eine erste Lesung im Plenum vor der Überweisung an die Fachkommission eingeführt, so dass sich alle Abgeordneten einen ersten Überblick zumindest über die grundsätzlichen Fragen der Gesetzesvorlage verschaffen konnten.

Im ersten Bericht an seine Wähler vom Mai 1859 nahm Heinrich Breitzke auf die Praxis der Wahl der Kommissionsmitglieder aus den Abteilungen Bezug. Seine liberale Fraktion, die jetzt über die Mehrheit verfügte, „ahmte nun durchaus nicht die Art der Rechten in der vorhergegangenen Legislatur nach, grundsätzlich alle ihre Gegner vom Präsidium und den Commissionen auszuschließen, um das Heft ganz allein in Händen zu haben, vielmehr kam es ihr darauf an, eine gewisse Versöhnung herbeizuführen und den anderen Fraktionen und Gegnern zu zeigen, daß man nur den guten Zweck wolle. Man wollte sich auch nicht nutzlos fähiger und guter Arbeitskräfte in den Reihen der Gegner berauben, wie die frühere Rechte getan hatte. ... Wie im Präsidium" – man hatte August Reichensperger von der Katholischen Fraktion zum 1. Vizepräsidenten gewählt – „so wurden auch von der Fraktion bei den Wahlen zu den Commissionen fähige

Mitglieder anderer Fraktionen nicht ausgeschlossen, selbst nicht von der jetzigen äußersten Linken (Blanckenburg)" – also den Konservativen – „freilich immer so, daß die eigene Fraktion die Mehrheit hatte."[47] Der letzte Hinweis Breitzkes macht deutlich, dass auch die Liberalen, bei aller Fairness, auf die Geschäftsordnung als Instrument der politischen Majorisierung nicht wirklich verzichten wollten. Der Verzicht auf die erste Lesung im Plenum und die offenbar schwierige Lektüre der Kommissionsberichte, die sich wohl nicht nur der Tatsache verdankte, dass der Leser nicht über die Informationen verfügte, die er zum Verständnis gebraucht hätte, sondern auch der bürokratischen Sprache, die von den meisten Kommissionsmitgliedern geführt wurde, die in ihrer überwiegenden Zahl Beamte waren, hatte weitere Folgen.[48] Es war der Öffentlichkeit kaum möglich, auf der Grundlage der gedruckten Berichte sich ein Bild von den politischen Auseinandersetzungen und den Meinungen der verschiedenen Fraktionen zu machen, und dies um so weniger, als auch die Journalisten in hohem Maße auf die Lektüre der vorliegenden Drucksachen angewiesen waren. Die Akustik auf der Pressetribüne war nämlich so schlecht, dass es den Journalisten kaum möglich war, den mündlichen Verhandlungen zu folgen. Die Klage über die schlechte Akustik auf der Pressetribüne war immer wieder in den Plenardebatten vorgetragen worden. Am 7. Dezember 1867 machte der liberale Abgeordnete Hermann Becker „auf die üble Lage, in welcher die Berichterstatter der Presse in diesem Hause sind" aufmerksam. „Die Journalistenloge ist noch an derselben Stelle, an welcher sie früher war und wo man, ich glaube, es ist dies wohl allen Mitgliedern schon zu Ohren gekommen – nur sehr unvollkommen den Verhandlungen folgen kann. ... Es ist, meine Herren, gar nicht zu schildern, wie schwierig es ist, von der Journalistenloge dieses Hauses die Verhandlungen aufzufassen."[49] Es ist nicht unwahrscheinlich, dass die Regierung mit dem Mangel an Öffentlichkeit durchaus nicht unzufrieden war, wie aus einem weiteren Detail des Hauses sichtbar wird, dem komplizierten und verschlungenen Zugang für das Publikum, der kaum zu finden war und in einem langen Gang über das Nachbargrundstück führte. Der Abgeordnete Benedikt Waldeck brachte in der Generaldebatte über den geplanten Neubau am 23. November 1866 diesen Verdacht klar zum Ausdruck. Die Tatsache, dass 1848/49 das Gebäude auf einen Hof gebaut worden sei, habe dem Wunsch der Regierung entsprochen, das Publikum fern zu halten. „Es hat ja bekanntlich bis 1861 gedauert", so Waldeck weiter, der hier auf den Beschluss anspielt, dem allgemeinen Publikum den Zugang zu öffnen, durch den auch die Abgeordneten das Haus betraten, „daß dies Publikum durch die allerverdächtigsten und unangenehmsten Zugänge, durch Bretterverschläge hier hat hereinschleichen müssen, um auf die Tribünen zu gelangen. Weil man glaubte, das Publikum wäre gefährlich, – eine Idee, die man noch von 1848 her hatte. Bis zum Jahre 1861 glaube ich, hat es gedauert, ehe das Publikum auf eine anständige Weise hier hineinkommen konnte, wenn man es anständig nennen will, daß man im Souterrain durchkriechen muß, um auf die Tribüne A zu kommen. Das in Bezug auf die Öffentlichkeit."[50]

In dem Neubau, den das *Abgeordnetenhaus* im Januar 1899 beziehen konnte, war in dieser Hinsicht für Abhilfe gesorgt. Die gesamte Tribüne auf der Ostseite des Sitzungssaals stand der Presse zur Verfügung; im Haus in der Leipziger Straße hatten die Journalisten mit der Tribüne über dem Präsidiumstisch vorlieb nehmen müssen und saßen deshalb im Rücken des Rednerpults.

Im Neubau konnte die Presse über sämtliche Räume der Osthälfte des Emporengeschosses verfügen, zu denen ein eigener Presselesesaal gehörte und die durch eine Rohrpostanlage mit dem Postraum im Eingangsbereich des Gebäudes in Verbindung standen.[51]

Der Neubau besaß überdies eine abstimmungstechnische Erleichterung. Die beiden Seitenausgänge des Saals dienten bei Abstimmungen, bei denen auch die Gegenprobe – bei der die Abgeordneten, die für den Antrag stimmten, sitzen blieben, während die Gegner aufstanden – kein eindeutiges Ergebnis erbracht hatte, zur Durchführung des „Hammelsprungs". Die Befürworter des Antrags gingen durch eine der beiden Türen, über der ein Relief, das Rosenzweige zeigte, als Zeichen der Zustimmung angebracht war, während die Tür, durch die die Gegner des Antrags traten, ein Distelrelief als Bild des Widerspruchs trug.[52] Die Zählung erfolgte durch je zwei der acht Schriftführer, die zur Unterstützung des Präsidenten und der beiden Vizepräsidenten am Beginn der Legislaturperiode in den Vorstand gewählt worden waren, dem überdies zwei Quästoren für das Kassen- und Rechnungswesen angehörten.[53]

Die Wahl des Präsidenten erfolgte bei Beginn der Legislaturperiode nach dem Zusammentritt des Hauses unter dem Vorsitz des Alterspräsidenten, der Bildung der Abteilungen und der Wahlprüfung durch die Abteilungen. Gewählt war der Kandidat, der die absolute Mehrheit erhalten hatte. Ergab sich keine Mehrheit, mussten sich die fünf Kandidaten, die die meisten Stimmen erhalten hatten, einer ersten Stichwahl stellen; ergab sich jetzt erneut keine absolute Mehrheit, traten die beiden Kandidaten, die in der ersten Stichwahl die meisten Stimmen erhalten hatten, zu einer weiteren Stichwahl an, die bei Stimmengleichheit durch Los entschieden wurde.

Das gleiche Verfahren galt bei der Wahl der Vizepräsidenten. Die Schriftführer dagegen wurden en bloc mit relativer Mehrheit gewählt. Sie hatten für die Aufnahme des Protokolls und den Druck der Verhandlungen zu sorgen, sie lasen während der Sitzungen die Schriftstücke vor, vermerkten die Stimmen und hatten „den Präsidenten in der Besorgung der äußeren Angelegenheiten des Hauses zu unterstützen". Jeweils zu Beginn der Sitzung wurden zwei der acht Schriftführer vom Präsidenten für den Verlauf der Sitzung namentlich benannt. Die Quästoren wurden nicht gewählt, sondern vom Präsidenten jeweils für die gesamte Sitzungsperiode ernannt. Der Präsident und die Vizepräsidenten wurden nicht für die gesamte Legislaturperiode, die zunächst drei, ab 1888 fünf Jahre dauerte, gewählt, sondern am Beginn jeder Sitzungsperiode neu. Die erste Wahl bei Beginn der ersten Sitzungsperiode galt überdies nur für vier Wochen; danach wurde noch einmal für den Rest der Sitzungsperiode gewählt. Bei den in der Regel klaren Mehrheitsverhältnissen im *Abgeordnetenhaus* zwischen 1849 und 1918 gehörten die Präsidenten den jeweiligen Mehrheitsparteien an. In den ersten Legislaturperioden allerdings präsidierte – mit Ausnahme der ersten vier Wochen der ersten Session der III. Legislaturperiode 1852/1853, in denen der konservative Alexander Uhden den Präsidentenstuhl innehatte – der gemäßigt liberale Graf Maximilian von Schwerin-Putzar, obwohl die Mehrheit des Hauses konservativ war. Dank der Wahl mit verdeckten Stimmzetteln – eine Ausnahme gegenüber den sonst im *Abgeordnetenhaus* üblichen offenen Abstimmungen – konnten auch Parteigänger der Konservativen ihre Stimme dem liberalen Grafen geben ohne befürchten zu müssen, von ihrer Fraktion oder durch die Regierung, der der Liberalismus des Präsidenten durchaus uner-

wünscht war, unter Druck gesetzt zu werden. Die Wahl Schwerins macht überdies deutlich, welche große Rolle in den ersten Jahren der parlamentarischen Kultur in Preußen weniger die Fraktionen als die Persönlichkeiten spielten.[54] Dem Präsidenten oblagen „die Leitung der Verhandlungen, die Handhabung der Ordnung und die Vertretung des Hauses nach außen"; er „beschließt über die Annahme oder Entlassung des für das Haus erforderlichen Verwaltungs- und Dienstpersonals". Dieses Personal bestand anfangs aus 70 Mitarbeitern, deren Zahl bis 1913 auf über 200 stieg. Die übergroße Mehrzahl der „Assistenten zur Besorgung der Expeditions-, Kalkulatur-, Journal- und Registraturgeschäfte", die Kanzlisten, Boten, Stenographen und Stenographen-Schreiber – das Stenographische Büro war mit 25 Mitarbeitern besetzt – waren jedoch nur während der Sitzungsperiode angestellt. Verbeamtet dagegen waren am Anfang nur der Botenmeister und Kastellan, der Erste und der Zweite Registrator und der Bürodirektor als Leiter der Parlamentsverwaltung. Zwar erhöhte sich die Zahl der Beamten bis 1913 auf 31; aber nur der Bürodirektor, der nach Errichtung des Neubaus eine Dienstwohnung im Ostflügel des Herrenhausgebäudes an der Leipziger Straße unter der Dienstwohnung des Präsidenten des *Abgeordnetenhauses* bezog, der Kastellan und zwei Botenmeister hatten, die letzteren im Erdgeschoss des Abgeordnetenhauses, Dienstwohnungen inne. Die Dienstherrschaft des Parlamentspräsidenten über die Beamten war allerdings begrenzt. In der sitzungsfreien Zeit unterstanden sie dem für Staatsbeamte zuständigen Innenminister, der auch die beamtenrechtlichen Befugnisse – Bestrafung, Suspendierung, Entlassung und Pensionierung – für sich in Anspruch nahm.[55]

Welche Bedeutung die Ordnungsbefugnisse des Präsidenten besaßen, wurde an dem Vorfall um die Unterbrechung des Kriegsministers im Mai 1863 deutlich sichtbar. Über diese Ordnungsbefugnisse heißt es im Paragraph 64 der Geschäftsordnung: „Wenn ein Mitglied die Ordnung verletzt, so wird es von dem Präsidenten mit Nennung des Namens darauf zurückgewiesen." Dieser Ordnungsruf konnte zweimal wiederholt werden, ein Verfahren, das nicht in der Geschäftsordnung stand, sondern sich als Parlamentsbrauch herausgebildet hatte. Beim letzten Ordnungsruf wies der Präsident den Abgeordneten darauf hin, dass er ihm bei einer fortdauernden Verletzung der Ordnung das Wort entziehe. „Wenn in der Versammlung störende Unruhe entsteht, so kann der Präsident die Sitzung auf bestimmte Zeit aussetzen oder ganz aufheben. Kann sich der Präsident kein Gehör verschaffen, so bedeckt er sein Haupt und ist hierdurch die Sitzung auf eine Stunde unterbrochen." Dieser im Paragraph 65 formulierten Regel war der Präsident am Ende des Wortwechsels mit dem Kriegsminister gefolgt.

Eine Erweiterung, die der Paragraph 64 unter der Präsidentschaft des hochkonservativen Jordan von Kröcher 1910 erfuhr, wurde zusammen mit dem Paragraph 66, in dem es heißt: „Dem Präsidenten des Hauses steht die Handhabung der Polizei im Sitzungsgebäude und in den Zuschauerräumen zu", außerordentlich folgenreich. Übernommen wurde aus der Geschäftsordnung des *Reichstags* die Regel: „Im Fall gröblicher Verletzung der Ordnung kann das Mitglied durch den Präsidenten von der Sitzung ausgeschlossen werden." Anders als im *Reichstag*, wo der Präsident in dem Falle, dass der Abgeordnete seiner Aufforderung „zum Verlassen des Saales keine Folge" leistete, die Sitzung unterbrach oder ganz aufhob, wurde dem Präsidenten des *Abge-*

ordnetenhauses das Recht gegeben, Abgeordnete, die grober Verletzung der Würde und Ordnung schuldig scheinen, von der Sitzung auszuschließen, und zwar, mit Zustimmung des Hauses, für bis zu zwölf Sitzungen. Entscheidend war, dass er, wenn der betroffene Abgeordnete sich weigerte, die Sitzung zu verlassen, seine Anordnungen durch Polizeibeamte ausführen lassen konnte.

Maximilian Harden, der sensible und aufmerksame Kommentator der politischen Kultur des Kaiserreichs, machte in einem Artikel seiner Zeitschrift „Die Zukunft" mit allem Nachdruck klar, dass diese Regelung sicher legal, politisch aber illegitim und außerordentlich kurzsichtig sei. Selbst in den Jahren des Verfassungskonflikts, in denen das *Abgeordnetenhaus* nicht nur die Kontroverse um den Kriegsminister, sondern zahlreiche Auseinandersetzungen sah, bei denen Verbalinjurien und Ordnungsrufe einander ablösten, ohne dass es zum Zusammenbruch des parlamentarischen Betriebs gekommen war, habe es dieser Ausweitung der Befugnisse des Präsidenten nicht bedurft. Die Änderung der Geschäftsordnung sei eindeutig gegen die sieben sozialdemokratischen Mitglieder des Hauses gerichtet und damit eine der parlamentarischen Geschäftsordnung eigentlich nicht zustehende Waffe im politischen Tageskampf, die überdies nicht nur stumpf, sondern zugleich auch zweischneidig sei. [56]

Maximilian Harden entwirft eine Szene, von der er glaubt, dass sie sich bei der Anwendung dieser neuen, sogenannten „Hausknechtsparagraphen", abspielen werde. „Was unter der neuen Geschäftsordnung geschehen wird, ist leicht zu ahnen. Ein Sozialdemokrat ist zweimal zur Ordnung gerufen worden und schreit nun in den Saal: ‚Die Brutalität Ihres Vorgehens beweist nur, wie erbärmlich schlecht die Sache ist, für die Ihr echt junkerlicher Eigennutz sich einsetzt; aber der Tag naht, wo Sie die süße Gewohnheit des Volksverrathes büßen müssen.' Oder Aergeres. Das Haus stimmt dem Vorschlag des Präsidenten zu, dem Abgeordneten für die vier nächsten Sitzungen die Anwesenheit im Saal und auf den Tribünen zu verbieten. ‚Ich fordere Sie, Herr Abgeordneter dazu auf, das Haus zu verlassen.', ‚Ich habe hier die Interessen meiner Wähler zu wahren; daran können Ihre Verbote und Bannsprüche mich nicht hindern.' Der Präsident läßt ins Ministerium des Inneren oder ins Polizeipräsidium telephonieren: ‚Schickt Schutzleute!' Die kommen; unter der Führung eines Offiziers oder Kommissars. Auf der Straße schaart sichs zu dichten Haufen. Der Bedrohte klammert sich an sein Pult, an jeden seiner Hand erreichbaren Stuhl oder Tisch; und wehrt sich mit Fäusten und Füßen so hitzig, daß die Polizeibeamten ihn auf ihren Armen hinaustragen müssen. ... Mindestens einen Genossen wird die Wuth der Parteinahme in strafbare Rufe oder Gesten verleiten; vielleicht gar alle sechs. Neuer Vorschlag des Präsidenten; neuer Beschluß des Hauses; neue Requisition und Exekution."

Maximilian Harden, der die Szene noch weiter ausbaut und schließlich in einem Prozess wegen Hausfriedensbruch und Widerstand gegen die Staatsgewalt einschließlich einer Verurteilung zu fünf Monaten Gefängnis gipfeln lässt, hat damit erstaunliche Weitsicht bewiesen. Ziemlich genau zwei Jahre nach der Änderung der Geschäftsordnung – den Präsidentenstuhl hatte inzwischen Hermann Freiherr von Erffa inne – und der Veröffentlichung des Artikels trat fast genau der Fall ein, den er mit so präziser Phantasie vorausgesehen hatte.[57]

In der Sitzung am 9. Mai 1912 stellte sich der sozialdemokratische Abgeordnete Julian Borchardt in die Nähe der Rednertribüne, um eine Rede des nationalliberalen Abgeordneten Dr. Schifferer, der auf eine Rede Borchardts vom Vortage eingehen wollte, besser verstehen können. Nach einigen Zwischenrufen forderte der Präsident den Abgeordneten Borchardt auf, von der Stelle aus, an der er stand, keine Zwischenrufe zu machen und sich auf seinen Platz zu begeben. Als Borchardt diesen Aufforderungen nicht nachkam, erklärte der Präsident, der Abgeordnete Borchardt mache ihm die ordnungsgemäße Handhabung der Präsidialgeschäfte unmöglich und er „schließe ihn daher für den Rest der Sitzung aus". Nach der Weigerung Borchardts, den Saal zu verlassen, wurde die Sitzung für eine halbe Stunde unterbrochen. Als Borchardt nach der Wiedereröffnung an der Sitzung teilnehmen wollte und einer weiteren Aufforderung, den Saal zu verlassen, nicht nachkam, forderte der Präsident einen Beamten der Parlamentsverwaltung auf: „Bitte holen Sie den Herrn Polizeileutnant", der nach einer kurzen Pause eintrat und an den sich der Präsident mit den Worten wandte: „Herr Polizeileutnant, Ich ersuche Sie, den von mir für den Rest der Sitzung ausgeschlossenen Abgeordneten Borchardt, den ich Ihnen durch einen Beamten des Hauses zeigen lassen werde, hinauszuführen und seinen Wiedereintritt zu verhindern."

Im weiteren Verlauf der Sitzung kam es wiederholt zu Tumulten und erregten Auseinandersetzungen. Nachdem der Abgeordnete Borchardt „von mehreren Schutzleuten zwangsweise aus dem Saal geführt" worden war, meldete sich sein Fraktionskollege Robert Leinert zu Wort und erklärte, von Polizisten gewaltsam von seinem Platz gedrängt und hinter die Balustrade der Regierungsbank gezogen worden zu sein. Kurze Zeit darauf erschien Borchardt wieder im Saal und wurde erneut „von Schutzleuten gewaltsam aus dem Saal entfernt". Die sozialdemokrati-

schen Abgeordneten machten in den anschließenden Geschäftsordnungsdebatten darauf aufmerksam, nicht nur Borchardt, sondern mindestens 50 weitere Abgeordnete hätten, wohl um
der Rede besser folgen zu können, in der Nähe
der Rednertribüne Aufstellung genommen, und
auch aus dem Kreis dieser Abgeordneten seien
Zwischenrufe gekommen, die der Präsident
jedoch nicht beanstandet habe. Die Maßnahme
des Präsidenten sei angesichts der Tatsache, dass
Borchardt keinerlei beleidigende Zwischenrufe
gemacht habe, nicht nur völlig unangemessen
gewesen, sondern zeige erneut, dass die Geschäftsordnung parteiisch zuungunsten der sozialdemokratischen Minderheit eingesetzt werde.
Dieser Verdacht war keineswegs von der Hand
zu weisen. Paul Hirsch, einer der sieben Abgeordneten der *SPD*, die seit 1908 dem *Preußischen
Abgeordnetenhaus* angehörten und der von 1918
bis 1920 der erste Ministerpräsident der preußischen Republik war, schildert zum Beispiel, wie
bei Anträgen, die besonders im Interesse der *SPD*
lagen, sich grundsätzlich zahlreiche konservative
Abgeordnete auf der Rednerliste eintragen lie-
ßen, und zwar, wie er aus der „Konservativen
Korrespondenz" vom 13. April 1910 zitiert, „vor
den sozialistischen Abgeordneten, um gegebe-
nenfalls die Möglichkeit zu haben, durch einen
Schlußantrag den sozialdemokratischen Rednern das Wort zu entziehen".[58] Nach der Abgabe
kurzer Erklärungen durch die konservativen
Abgeordneten, die auf der Rednerliste standen,
wurde der Antrag auf Schluss der Debatte gestellt und mit Mehrheit angenommen. Dieser
Taktik der konservativen Parteien entsprachen
verbale Entgleisungen des Präsidenten von Kröcher, der erklärte, die „Sozialdemokratie" sei
nicht „Subjekt der Gesetzgebung", sondern deren „Objekt".[59]

Maximilian Harden stellte in seinem Artikel gegen den „Hausknechtsparagraphen" den amtie-
renden Parlamentspräsidenten kein gutes Zeugnis aus: „Unseren Parlamenten fehlen Vorsitzen-
de, die mehr sind als Repräsentanten und
Witzbolde."[60] Er stellt diesem Urteil das Bild eines Parlamentspräsidenten gegenüber, der eines
„Hausknechtsparagraphen" nicht bedarf. „Der
Präsident soll noch im Wirbelsturm ruhig bleiben; sich nie als Parteivertreter fühlen, nie vom
Ingrimm beraten lassen. Er thront nicht als
Schulmeister und Bakelschwinger auf seinem
hohem Sitz und soll die Abgeordneten behandeln
wie erwachsene Männer, denen, auch wenn Lei-
denschaft ein kräftiges Wort auf die Lippe trieb,
der Verständige Unterbrechung und kleinliche
Mäkelei erspart. Daß ein Abgeordneter nicht sagen dürfe, der König mißtraue dem Volk, nicht,
ein Minister habe sich eine Blamage zugezogen,
meinen nur Schranzen. Die Wahrung der Redefreiheit ist immer die wichtigste Pflicht des Präsidenten; Wahrung bis an die äußerste Grenze
des Erträglichen."

„Ein widersinnigeres, elenderes Wahlgesetz ist nicht in irgendeinem Staate ausgedacht worden"
Zum weiteren Schicksal des Dreiklassen-wahlrechts

Die Tatsache, dass am Ende des ersten Jahrzehnts
des 20. Jahrhunderts im *Preußischen Abgeordnetenhaus* Sozialdemokraten vertreten waren, gibt einen unzweideutigen Hinweis darauf, dass seit der
Nationalversammlung und der Reaktionsära unter
Otto von Manteuffel, seit der „Neuen Ära" und
dem Verfassungskonflikt erhebliche soziale und
politische Veränderungen und Verschiebungen
stattgefunden hatten. Dass allerdings die Sozialdemokraten bei der Landtagswahl des Jahres

1908 zwar 23,9 Prozent der Stimmen erhalten hatten, aber nur sieben Mandate, während die Konservativen mit 14,2 Prozent auf 153 Mandate kamen, macht andererseits klar, dass das Dreiklassenwahlrecht diese Veränderungen nur außerordentlich unzureichend, dem Grunde nach überhaupt nicht in die parlamentarische Repräsentation übersetzte.

Der Verfassungskonflikt war durch die Annahme der Indemnitätsvorlage im *Preußischen Abgeordnetenhaus* parlamentarisch beendet worden. Am 3. September 1866 genehmigte das Parlament mit 230 gegen 75 Stimmen nachträglich die Ausgaben, die die Regierung seit 1862 ohne Haushaltsgesetz getätigt hatte und erklärte zugleich seine Bereitschaft, auf die Forderung nach Sanktionen für die Gesetzwidrigkeit dieses Verhaltens der Regierung zu verzichten. Damit war das Problem, das zum Konflikt geführt hatte, allerdings nicht gelöst. Die Gegner der Vorlage machten geltend, dass die Indemnitätsvorlage nur eine Rückkehr zum status quo ante bedeute und der Regierung die Möglichkeit offen lasse, jederzeit erneut auf der Grundlage der „Lückentheorie" zu verfahren.[61]

Der Mehrheit der Liberalen war dennoch die Zustimmung zur der Vorlage um so leichter gefallen, als die politische Entwicklung außerhalb des Parlaments inzwischen dramatische Formen angenommen hatte. Der Sieg Preußens und Österreichs über Dänemark 1864 und der Sieg Preußens über Österreich im Jahre 1866 schienen eine glänzende Bestätigung der Militärpolitik der Regierung. Die Unterordnung der verfassungspolitischen Ziele unter den machtpolitischen Erfolg schien unvermeidbar angesichts der Tatsache, dass der Sieg Preußens über Österreich untrennbar verknüpft war mit einem Riesenschritt auf dem Weg zum deutschen Nationalstaat. Nicht nur die Annexion der Territorien, die

im Krieg auf der Seite Österreichs gestanden hatten – Hannover, Kurhessen, Nassau, Schleswig-Holstein und Frankfurt am Main – durch Preußen, sondern vor allem auch der lange vorbereitete Abschluss von Verträgen mit siebzehn norddeutschen Staaten zur Gründung eines Bundes, der als Norddeutscher Bund ohne Österreich und die süddeutschen Staaten an die Stelle des Deutschen Bundes treten sollte, gab der deutschen Einheit einen Vorschub, wie ihn seit Jahren niemand mehr erhofft hatte.[62]

Die Forderung der nationalen Einheit hatte neben der Forderung nach Freiheit seit der ersten Hälfte des 19. Jahrhundert an der Spitze der liberalen Forderungskataloge gestanden. In dem Maße, in dem zu Beginn der zweiten Jahrhunderthälfte deutlich wurde, dass der Liberalisierungsprozess in den Einzelstaaten wenn überhaupt, dann jedenfalls nicht in dem erwünschten Umfang verwirklicht worden war und verwirklichbar schien, konzentrierten sich die Bemühungen der Liberalen auf die Bildung des Einheitsstaates als neuem Ort der Fortsetzung der Verwirklichung der Freiheit. Sie waren überzeugt, dass diese Prioritätensitzung – die in der Formel „Freiheit durch Einheit" zusammengefasst wurde – um so eher zum Ziel führen müsse, als die Ausbildung eines nationalen Wirtschaftsraums erheblich zur forcierten Entwicklung von Handel, Gewerbe und Industrie beitragen und damit das gesellschaftliche Gewicht der Gruppen stärken werde, aus denen sich die Träger des Liberalismus rekrutierten. Diese wirtschaftliche Entwicklung werde deshalb fast zwangsläufig die politische Liberalisierung nach sich ziehen.[63]

Es gab also gute Gründe, mit Bismarck zu kooperieren, der zwar einerseits der Konfliktminister war, den die Liberalen so erbittert bekämpft hatten, der sich aber jetzt zum Vollstrecker eines

„*Eine liebe ist der anderen werth*", Karikatur aus: *Kladderadatsch*, 1866. Bismarck bietet dem im Konflikt-käfig gefangenen Parlament Lorbeerkränze mit Schleifen an, auf denen die Namen der Orte der entscheidenden Schlachten in den Kriegen 1864 und 1866 stehen. Das gefangene Parlament winkt mit der „*Indemnität*"

zentralen Punktes aus dem liberalen Sachprogramm zu machen schien. Allerdings waren nicht alle Liberalen bereit, Bismarck auf diesem Weg zu folgen. Ab Oktober 1866 begann die Sezession einer „nationalen Fraktion" aus der *Deutschen Fortschrittspartei*, die 1861 gegründet und im Verfassungskonflikt die Konfliktpartei par excellence gewesen war. Diese Sezession führte später zur Gründung der *Nationalliberalen Partei*, die bis Ende der siebziger Jahre als „Reichsgründungspartei" der wichtigste Kooperationspartner Bismarcks war.[64] Die Hoffnungen, die die nationalen Liberalen mit der Gründung des deutschen Einheitsstaats verbanden, schienen durch den Plan der Gründung des Norddeutschen Bundes um so eher einer Verwirklichung nahe zu kommen, als dieser Bund, anders als der Deutsche Bund, dessen Zentralinstanz ein Gesandtenkongress war, nach den Plänen Bismarcks ein Parlament erhalten sollte. Um so größer war allerdings der Schock, als bekannt wurde, dass dieses Parlament nach dem gleichen, freien, direkten und geheimen, also dem demokratischen Wahlrecht gewählt werden sollte.[65]

Die Liberalen hatten diesem Wahlrecht von Anfang an mit wenig Sympathie gegenübergestanden, da sie der Überzeugung waren, dass nur Männer mit Besitz und Bildung in der Lage seien, in den Angelegenheiten des Staates angemessen mitzureden, ja, dass die Besitzlosen dank ihrer ökonomischen Abhängigkeit, aber auch ihrer mangelnden politischen Reife leicht von Interessengruppen manipulierbar seien, die der Liberalisierung in Staat und Gesellschaft Hindernisse in den Weg legen wollten. Überdies war inzwischen deutlich geworden, dass die Liberalen ihre komfortablen Mehrheiten im *Abgeordnetenhaus* eben dem Dreiklassenwahlrecht verdankten, das die Besitzenden begünstigte. Zwar war dieses Wahlrecht 1849 von der Regierung eingeführt worden zur Sicherung konservativer Mehrheiten; durch die rapide wirtschaftliche Entwicklung im ersten und zweiten Jahrzehnt nach der Jahrhundertmitte war es jedoch zu einem Zuwachs an gewerblichen Einkommen und Vermögen gekommen, der den liberalen Besitzbürgern ein Übergewicht verschaffte.[66]

Entscheidend für die Irritation der Liberalen dürfte jedoch der Verdacht gewesen sein, Bismarck wolle mit diesem Wahlrecht die Masse der Besitzlosen und Ungebildeten für seine Politik gegen die Liberalen manipulieren, und dieser Verdacht war nicht von der Hand zu weisen. Bismarck hat immer wieder die Meinung vertreten, das demokratische Wahlrecht führe zu konservativen Mehrheiten, da das Volk in seiner überwiegenden Mehrheit königstreu sei. Unausgesprochen in der Öffentlichkeit, nicht jedoch im inneren Kreis blieb allerdings die Tatsache, dass die Regierung sich auf diese angebliche politisch-mentale Disposition der Unterschichten keineswegs allein verlassen wollte, sondern auch im Gestaltungsbereich des Dreiklassenwahlrechts durch gezielte Nutzung der Abhängigkeit besonders der ländlichen Unterschichten von den Gutsherren, aber auch durch massiven Einfluss der Beamten insbesondere auf der Ebene der Landkreise das ausübte, was man damals „Wahlterror" nannte. Nicht unterschlagen werden soll, dass umgekehrt liberale Honoratioren ihrerseits ohne Skrupel bestehende Abhängigkeitsverhältnisse etwa zwischen Hausbesitzer und Mieter für politische Pressionen ausbeuteten.[67]

Dass die Liberalen allen Grund zum Misstrauen hatten, wird sichtbar an der Tatsache, dass Bismarck auf dem Höhepunkt des Verfassungskonflikts eine Zeit lang ernsthaft den Gedanken erwog, das demokratische Wahlrecht in Preußen zu oktroyieren. Als er im März 1867 im *Abgeordnetenhaus* über das Dreiklassenwahlrecht sagte, ein „widersinnigeres, elenderes Wahlgesetz ist nicht in irgendeinem Staate ausgedacht worden", dann war dies antiliberal, aber durchaus nicht demokratisch gemeint, auch wenn dieser Ausspruch von demokratischen Gegnern des Dreiklassenwahlrechts über Jahrzehnte hinweg immer wieder angeführt worden ist.

Bei der Diskussion im *Preußischen Abgeordnetenhaus* über das Wahlgesetz für die Wahlen zum konstituierenden *Norddeutschen Reichstag* waren die Liberalen nur widerstrebend bereit, das demokratische Wahlrecht zu akzeptieren. Zur Vorbeugung gegen die vermutete Gefahr, das neue Parlament könne mit geringeren Rechten ausgestattet werden als das *Preußische Abgeordnetenhaus,* dessen konstitutionelle Errungenschaften trotz des unbefriedigenden Ausgangs des Verfassungskonflikts nicht unterlaufen werden sollten, beschloss das Parlament jedoch, der konstituierenden Versammlung nur das Recht zur Beratung, nicht aber zum Beschluss über die Verfassung des Norddeutschen Bundes zu geben, das vielmehr den Parlamenten der Mitgliedsstaaten vorbehalten blieb, unter denen das *Preußische Abgeordnetenhaus* ein erdrückendes Übergewicht hatte.[68]

Die Befürchtungen der Liberalen haben sich nicht bestätigt. Das neue Parlament und sein Erbe, der *Deutsche Reichstag,* erhielten in etwa die gleichen Kompetenzen wie das *Preußische Abgeordnetenhaus.* Andererseits war auch die Reichsleitung, wie in Preußen die Regierung, keine parlamentarische Regierung; die Mitglieder der Regierung kamen nicht als Vertreter der Mehrheitsparteien aus dem Kreis der Abgeordneten, sondern waren Staatsbeamte, deren Ernennung und Abberufung dem Kaiser allein zustand und die dem Parlament als Kooperations- und Konfliktpartner gegenüberstanden. Überdies konnten die Nationalliberalen sich im ersten Jahrzehnt nach der Gründung des Norddeutschen Bundes und des Deutschen Reiches als stärkste oder eine der stärksten Fraktionen behaupten; sie mussten die Führungsposition erst ab 1880 an die Konservativen und die katholische *Zentrumspartei* abgeben, die eine feste konfessionell gebundene Wählerschaft hatte. Diese

Entwicklung in konservativer Richtung verdankte sich aber keineswegs der von Bismarck erhofften Mobilisierung der agrarischen Unterschichten, sondern einer allgemeinen Entwicklung des politischen Klimas, zu der auch die bürgerlichen Stammwähler der Nationalliberalen beitrugen, die sich politisch stärker konservativ orientierten, eine Orientierung, die mitzuvollziehen die *Nationalliberale Partei* gezwungen war, um den Anschluss nicht zu verlieren.

Diese Rechtsorientierung des bürgerlichen Liberalismus verdankte sich nicht zuletzt der Tatsache, dass inzwischen die Industriearbeiter mit ihrer politischen Organisation, der *Sozialdemokratischen Partei,* auf der politischen Szene auftraten. Zwar gelang es mit den Sozialistengesetzen, die Zahl der sozialdemokratischen Abgeordneten bis Anfang der neunziger Jahre gering zu halten; nach der Nichterneuerung dieser Gesetze und nach dem Rücktritt Bismarcks stellten sie jedoch einen immer größeren Anteil der Abgeordneten im *Reichstag.* Die Angst der Liberalen vor der die Unterschichten mobilisierenden Wirkung des allgemeinen Wahlrechts hatte sich, anders allerdings als erwartet, als richtig erwiesen. Umgekehrt waren Bismarcks Hoffnungen – ebenso unerwartet – in Erfüllung gegangen; wiederholt hat er im Laufe der achtziger Jahre eine Revision des Reichstagswahlrechts erwogen, zumindest die Ersetzung der geheimen durch die offene Stimmabgabe.

Da die drei regierungsnahen Parteien – Konservative, Freikonservative und Nationalliberale – unter den Bedingungen des Dreiklassenwahlrechts im *Preußischen Abgeordnetenhaus* regelmäßig mehr Sitze erringen konnten als im *Reichstag* mit dem demokratischen Wahlrecht, waren Initiativen zu einer Wahlrechtsreform in Preußen von diesen Parteien nicht zu erwarten. Nur die Linksliberalen, die seit Anfang der achtziger Jah-

re mehr Mandate im *Reichstag* als im *Abgeordnetenhaus* bekamen, aber auch die katholische *Zentrumspartei,* für die das gleiche gilt, hätten Initiativen ergreifen können. Sie zögerten damit allerdings, da sie befürchten mussten, bei einer Einführung des Reichstagswahlrechts in Preußen möglicherweise Stimmen an die Sozialdemokraten zu verlieren.[69]

Die *SPD* dagegen begann am Ende der neunziger Jahre mit dem Kampf gegen das Dreiklassenwahlrecht.[70] Sie hatte die Wahlen in Preußen wegen dieses Wahlrechts von Anfang an boykottiert, eine Entscheidung, die den Sozialdemokraten um so leichter fiel, als sie ihre Energien auf die Reichstagswahlen mit ganz anderen Gewinnchancen konzentrieren konnten. Noch 1893 wurde auf dem Parteitag in Köln der Beschluss gefasst, sich jeder Beteiligung an den Landtagswahlen unter dem bestehenden Dreiklassenwahlrecht zu enthalten. Vier Jahre später wurde auf dem Hamburger Parteitag dieser Beschluss revidiert mit der Begründung August Bebels, die Sozialdemokraten sollten im „Kampf zur Vernichtung des Junkerthums in Preußen und zur Bekämpfung absolutistischer Neigungen" ihren Teil beitragen. Erst auf dem Mainzer Parteitag 1900 wurden die preußischen Sozialdemokraten zur Teilnahme an den Wahlen zum *Preußischen Abgeordnetenhaus* verpflichtet. Zwar konnte die *SPD* 1903 bei den Wahlen 18,8 Prozent der Stimmen auf sich vereinigen; es gelang ihr damit jedoch nicht, auch nur ein Mandat zu gewinnen. Erst bei den Wahlen des Jahres 1908 konnten sieben Mandate errungen werden, 1913 bei 28,4 Prozent aller Stimmen zehn Mandate, während die Konservativen mit 14,8 Prozent auf 147 Mandate kamen.

Die *SPD* unterstützte ihre Forderung nach der Einführung des Reichstagswahlrechts für das *Abgeordnetenhaus* durch außerparlamentarische

Aktionen. Im Januar 1908 fanden in einigen preußischen Städten Demonstrationen statt. Vor dem Abgeordnetenhaus versammelten sich Demonstranten, so dass sich die Parlamentarier, wie es im Protokoll des sozialdemokratischen Parteitags heißt, „einen Weg durch die dichte Menge bahnen" mussten, „wobei den Vertrauensmännern der Junker und Geldsackkapitalisten die Rufe ‚Hoch das freie Wahlrecht', ‚Heraus mit dem Reichstagswahlrecht für Preußen', ‚Her mit dem Frauenwahlrecht' in den Ohren gellten". Zwei Jahre später, im Februar 1910, kam es erneut zu Demonstrationen, Auftakt einer Serie von Kundgebungen, die im März stattfanden und die als „Wahlrechtssturm" in die Parteigeschichte eingegangen sind. Für den 6. März hatte die *SPD* einen Wahlrechtsspaziergang im Treptower Park angekündigt, der vom Berliner Polizeipräsidenten Traugott von Jagow verboten wurde. Am Vorabend der Demonstration wurde beschlossen, nicht in den Treptower Park, der von schwerbewaffneten Polizeikräften bewacht wurde, zu gehen, sondern in kleinen Gruppen überall in der Stadt sich zu sammeln und in den Tiergarten zu ziehen. „Aber", heißt es in den Erinnerungen von Eugen Ernst, der in der Weimarer Republik selbst eine Zeit lang Polizeipräsident von Berlin war, „kein Schutzmann war zu sehen. Über 200.000 Demonstranten zogen friedlich und fröhlich durch die Anlagen."

Anlass für die Demonstrationen im Januar 1908 und im Februar 1910 waren Debatten über das Dreiklassenwahlrecht im *Abgeordnetenhaus*. Im Januar 1908[71] hatten die beiden linksliberalen Fraktionen, die *Freisinnige Vereinigung* und die *Freisinnige Volkspartei,* die seit der Jahrhundertwende kompromisslos für die Einführung des demokratischen Wahlrechts in Preußen eintraten, eine Resolution eingebracht, die von der katholischen *Zentrumspartei* unterstützt wurde; diese Unter-

stützung dürfte taktischer Natur gewesen sein, da das *Zentrum* sich gerade in der Opposition befand, in aller Regel aber die Regierung unterstützte und seinerseits keine grundsätzliche Änderung des Wahlrechts wünschte. Reichskanzler Bernhard von Bülow, der zugleich preußischer Ministerpräsident war, erklärte im Namen der Regierung, dass das geltende Wahlrecht zwar reformbedürftig sei, dass die königliche Staatsregierung jedoch der Meinung sei, „daß die Übertragung des Reichstagswahlrechts auf Preußen dem Staatswohl nicht entsprechen würde".

Im Februar 1910 legte Reichskanzler und Ministerpräsident Theobald von Bethmann Hollweg einen Vorschlag der Regierung zur Reform des Wahlrechts vor. Die beiden wichtigsten Bestimmungen waren die Beibehaltung der öffentlichen, aber die Einführung der direkten Wahl; in den Kommissionsberatungen konnten die Konservativen und das *Zentrum,* die einen die Regierung unterstützenden Block bildeten, die Vorlage mit Mehrheit dahin ändern, dass die indirekte Wahl beibehalten, die Urwahl geheim werden und die Wahl der Abgeordneten durch die Wahlmänner öffentlich bleiben sollte. Nach einem parlamentarischen Satyrspiel, an dem sich auch das *Herrenhaus* beteiligte, wurde die ganze Vorlage am 27. Mai 1910 von der Regierung zurückgezogen.

Vorausgegangen waren zwei Veränderungen des Wahlgesetzes in den Jahren 1891 und 1906. Die Gesetzesänderung des Jahres 1891 war notwendig geworden im Zusammenhang mit einer Steuerreform, die preußische Bürger mit hohen Einkommen wesentlich stärker belastete, Bürger mit geringem Einkommen zum Teil ganz von der Steuer freistellte. Da das Wahlrecht an das Steueraufkommen gebunden war, hätte diese Reform dazu geführt, dass noch weniger Wähler in der ersten Klasse hätten wählen dürfen und viele

Wähler mit geringem Einkommen durch die Steuerfreiheit vollständig ihr Wahlrecht verloren hätten. Deshalb wurde für die Steuerbefreiten ein fiktiver Steuerbetrag von drei Reichsmark angenommen. Eine zweite Neuregelung betraf die Anlage der Steuerlisten. Nach dem Wahlge-

Voßstraße, einen kleinen Teil der Wilhelm- und Königgrätzerstraße. Der Bezirk hatte 189 Wahlberechtigte. Davon wählten zwei Finanzgrößen in der I. Klasse, 4 Finanzgrößen und ein Rittergutsbesitzer in der II. Der ‚schäbige Rest‘ der übrigen 182 Wähler, die sämtlich zur III. Klasse

Wahlrechtsdemonstration der SPD vor dem Abgeordnetenhaus am 10. Januar 1908

setz wurden diese Listen gemeindeweise angelegt, nur in den Urwahlbezirken, die aus mehreren Gemeinden bestanden, für den Urwahlbezirk. Jetzt wurde neu eingeführt, dass in Gemeinden, die in mehrere Urwahlbezirke eingeteilt waren, die Steuerlisten nicht für die ganze Gemeinde, sondern für den jeweiligen Urwahlbezirk angelegt wurden. Diese Neuregelung machte es einerseits möglich, dass in Wohnquartieren der unteren Einkommensschichten ein gut verdienender Arbeiter durchaus die Möglichkeit hatte, in der ersten Klasse zu wählen. Andererseits kam es zu Folgen, deren Bizarrerie gerade den Ministern die Augen für die Notwendigkeit einer grundsätzlichen Veränderung hätten öffnen müssen. Der 58. Berliner Urwahlbezirk umfasste „den größten Teil der

verdammt waren, bestand aus folgenden Personen: einem Reichskanzler und drei Ministern, 4 Reitknechten und Stallgehilfen, 2 Majoratsherren, 56 Kutschern, Lakaien und Kammerdienern, 6 Kommerzienräten, Geheimen Kommerzienräten und Bankiers, 9 Gärtnern, Köchen, Kellnern und Arbeitern, 11 Geheimräten, Räten und anderen Studierten, 46 Bureau- und Kanzleidienern, Portiers und Heizern, außerdem aus 40 anderen Wählern, deren Berufsstellung weniger interessiert."[72]
Die Reform des Jahres 1903 entsprang der Notwendigkeit, den erheblichen Bevölkerungsverschiebungen, die im Laufe der zweiten Hälfte des 19. Jahrhunderts vor allem von Ost nach West, von den überwiegend agrarischen Gebieten in die Industriezentren stattgefunden hatten, Rech-

nung zu tragen. Durch diese Bevölkerungsver-schiebungen ergab sich die Tatsache, dass in einzelnen Wahlkreisen, deren Zuschnitt seit 1860 nicht geändert worden war, die Zahl der Wähler pro Abgeordnetenmandat um ein Vielfaches über den Zahlen in anderen Wahlkreisen lag. So stellten die vier größten Wahlkreise Preußens mit zusammen drei Millionen Einwohnern ganze neun Abgeordnete, während die 40 kleinsten Wahlkreise mit ebenfalls drei Millionen Einwohnern 66 Mandate zu vergeben hatten. Es kam allerdings zu keiner grundlegend neuen Regelung. Die Zahl der Wahlkreise und damit der Abgeordneten wurde um ganze zehn, von 433 auf 443 erhöht, die auf die industriellen Ballungsgebiete aufgeteilt wurden.

Der Erste Weltkrieg bot noch einmal einen höchst dramatischen Anlass, um über eine grundsätzliche Reform des Wahlrechts nachzudenken. Die Tatsache, dass die preußischen Bürger, die als Soldaten im Feld standen, alle der gleichen Gefahr ausgesetzt waren, ließ den Gedanken, die politische Mitbestimmung nicht länger an der Höhe der Steuerleistung, sondern an der Allgemeinheit der Wehrpflicht zu messen, als unabweisbar erscheinen. Verschiedene Reformanläufe scheiterten an der Intransigenz der Parteien, die ihre Mehrheiten dem Dreiklassenwahlrecht verdankten und die im äußersten Fall zur Einführung eines Pluralwahlrechts bereit waren, also eines Wahlrechts, bei dem bestimmte Personengruppen privilegiert werden, da sie mehrere Stimmen abgeben können. Vorläufige Höhepunkte der Diskussion waren zwei Königliche Meinungsäußerungen am 7. April und am 11. Juli 1917, deren letztere unzweideutig die Einführung des demokratischen Wahlrechts ankündigte. Der Gesetzentwurf, den die Regierung im November 1917 im Parlament einbrachte, wurde in den folgenden Monaten in Kommissionen und im Plenum modifiziert und zerredet, so dass die Verhandlungen auch im September 1918 noch nicht abgeschlossen waren und in der Schlussphase des Krieges auch nicht mehr zur Verhandlung kommen konnten. Am 9. November 1918 ging die Revolution über das Dreiklassenwahlrecht hinweg und – um einen parlamentarischen Ausdruck zu benutzen – zur Tagesordnung über.

1 Peter Reichensperger: Erlebnisse eines alten Parlamentariers im Revolutionsjahr 1848, Berlin 1882, S. 54

2 Reichensperger (wie Anm. 1), S. 55

3 Heinrich von Poschinger: Ein Achtundvierziger. Lothar Buchers Leben und Werke, Dritter Band, Berlin 1894, S. 16. Vgl. Manfred Botzenhardt: Deutscher Parlamentarismus in der Revolutionszeit, Düsseldorf 1977, S. 441/442

4 Poschinger (wie Anm. 3), S. 15

5 Vgl. Helmut Kramer: Fraktionsbindungen in den deutschen Volksvertretungen 1819-1849, Berlin 1968, S. 233-236

6 Günther Grünthal: Parlamentarismus in Preußen 1848/49-1857/58. Preußischer Konstitutionalismus – Parlament und Regierung in der Reaktionsära, Düsseldorf 1982, S. 391-413. Vgl. die Einleitung von Horst Conrad zu: Preussische Parlamentarier. Ein Photoalbum 1859-1867. Bearbeitet von Horst Conrad und Bernd Haunfelder, Düsseldorf 1986, S. 9-32, besonders S. 13/14

7 Horst Conrad (Hg.): Ein Gegner Bismarcks. Dokumente zur Neuen Ära und zum preußischen Verfassungskonflikt aus dem Nachlaß des Abgeordneten Heinrich Breitzke (1798-1867), Münster 1994, S. 106

8 Erinnerungen aus dem Leben von Hans Viktor von Unruh, Hrsg. Heinrich von Poschinger, Stuttgart u.a. 1895, S. 96

9 Vgl. Conrad (wie Anm 6), Einleitung

10 Grünthal (wie Anm. 6), S. 403

11 Zitiert nach: Grünthal (wie Anm. 6), S. 393

12 Conrad (wie Anm. 6), S. 13; E. Kossak: Die Schule des Abgeordneten, in: Die Gartenlaube, Jg. 1861, S. 73-75, hier S. 74

13 Conrad (wie Anm. 6), S. 15

14 Conrad (wie Anm. 7), S. 98 und 127. Einen guten kurzen Überblick über die Entstehung der Parteien bietet Gerhard A. Ritter: Die deutschen Parteien 1830-1914. Parteien und Gesellschaft im konstitutionellen Regierungssystem, Göttingen 1985. Noch jahrzehntelang waren bis zu 20 % der Abgeordneten als sogenannte „Wilde" ohne Fraktionszugehörigkeit

15 Zitiert nach: Grünthal (wie Anm. 6), S. 388

16 Conrad (wie Anm. 7), S. 27

17 Conrad (wie Anm. 6), S. 153

18 Conrad (wie Anm. 6), S. 97; Grünthal (wie Anm. 6), S. 387

19 Verfassungsurkunde für den Preußischen Staat. Vom 31. Januar 1850, in: August Plate (Hg.): Handbuch für das Preussische Abgeordnetenhaus. Ausgabe für die 20. Legislaturperiode, Berlin 1904, S. 27-54

20 Zum Problem der Beamten als Abgeordnete vgl. Harro-Jürgen Rejewski: Die Pflicht zur politischen Treue im preußischen Beamtenrecht (1850-1918), Berlin 1973

21 Zitiert nach: Grünthal (wie Anm. 6), S. 405, Anm. 67

22 Reichensperger (wie Anm. 1), S. 55

23 Botzenhart (wie Anm. 3)

24 Reichensperger (wie Anm. 1), S. 55

25 Bernd Haunfelder: Die politischen Wahlen im Regierungsbezirk Münster 1848-1867, Münster 1982, S. 770/771

26 Conrad (wie Anm. 7), S. 94. Zum Leben Heinrich Breitzkes vgl. die Einleitung Conrads S. 17-87

27 Conrad (wie Anm. 7), S. 112

28 Conrad (wie Anm. 7), S. 107

29 Verfassungsurkunde (wie Anm. 19). Der Diätensatz wurde 1872 auf fünf Taler angehoben

30 Grünthal (wie Anm. 6), S. 345

31 Conrad (wie Anm. 7), S. 131

32 August Stein: Unsere Volksvertretung, wie sie ißt und trinkt, 6. März 1897, in: August Stein: Es war alles ganz anders. Aus der Werkstätte eines politischen Journalisten 1891-1914, Berlin 1922, S. 95-103, hier S. 97/98

33 Conrad (wie Anm. 7), S. 106

34 Unruh (wie Anm. 8), S. 121

35 Conrad (wie Anm. 7), S. 97

36 Günther Grünthal: Das Ende der Ära Manteuffel, in: Jahrbuch für die Geschichte Mittel- und Ostdeutschlands, Band 39, 1990, S. 180-219, hier S. 206

37 Zur Neuen Ära vgl. Leo Haupts: Die liberale Regierung in Preussen in der Zeit der „Neuen Ära". Zur Geschichte des Preußischen Konstitutionalismus, in: Historische Zeitschrift, Band 227, 1978, S. 45-85

38 Die ausführlichste der zahlreichen Darstellungen des Verlaufs des Heeres- und Verfassungskonflikts bei Ernst Rudolf Huber: Deutsche Verfassungsgeschichte seit 1789, Band III, Stuttgart u.a. 1970, S. 269-376

39 Zu der Interpretation der Verfassung vgl. Hans Boldt: Die preußische Verfassung vom 31. Januar 1850. Probleme ihrer Interpretation, in: Hans-Jürgen Puhle / Hans-Ulrich Wehler (Hg.): Preußen im Rückblick, Göttingen 1980, S. 224-246

40 Zitiert nach: Adalbert Hess: Das Parlament das Bismarck widerstrebte. Zur Politik und sozialen Zusammensetzung des preußischen Abgeordnetenhauses der Konfliktzeit (1862-1866), Köln und Opladen 1964, S. 36

41 Stenographische Berichte über die Verhandlungen der durch die Allerhöchste Verordnung vom 28. Juli einberufenen beiden Häuser des Landtages. Haus der Abgeordneten. Zweiter Band, Berlin 1866, S. 627. von Unruh (631), Bethusy-Huc (634), Löwe (635), Virchow (637). Die Stenographischen Berichte werden im weiteren abgekürzt mit STBAH

42 STBAH, Berlin 1863, S. 1189-1190

43 STBAH (wie Anm. 42), S. 1207

44 STBAH (wie Anm. 42), S. 1213-1243

45 Zur Abteilungs- und Kommissionsbildung vgl. Grünthal (wie Anm. 6), S. 356-371

46 Zitiert nach: Grünthal (wie Anm. 6), S. 381, Anm. 35

47 Conrad (wie Anm. 7), S. 152/153

48 Vgl. C.G. Kries: Bemerkungen über die Mängel der Geschäftsformen in den preussischen Kammern, insbesondere über die Stellung und die Tätigkeit der Kommissionen, in: Zeitschrift für die gesamte Staatswissenschaft, Band 8, Jg. 1852, S. 649-690. Der Aufsatz ist eine Fundgrube für Details. „Die Behandlung der Geschäfte in den Kammern", heißt es auf S. 672, „hat noch in vieler Beziehung das Gepräge der Büreaukratie, nämlich eines geheimen und schriftlichen verkehrs …".

49 STBAH, Berlin 1867, S. 253

50 STBAH (wie Anm. 41), S. 633

51 Beschreibung des Gebäudes in: Zentralblatt der Bauverwaltung. Jg. XIX, 1899, S. 13-16, 26-28, 49/50, 73/74. Außerdem: Das Heim des Abgeordnetenhauses, in: Plate (wie Anm. 19), S. 385 - 395

52 Zentralblatt (wie Anm. 51), S. 28

53 Zur Zusammensetzung, zur Wahl und zu den Aufgaben des Vorstands vgl. Geschäftsordnung für das Haus der Abgeordneten, in: Plate (wie Anm. 19), S. 11-26

54 Zur Wahl Schwerins vgl. Grünthal (wie Anm. 6), S. 374/375

55 Vgl. Grünthal (wie Anm. 6), S. 382-384; Martin Schumacher: „Im Dienste der Volksvertretung". Zu den Aufzeichnungen von August Plate – Preußischer Parlamentsdirektor 1901-1920, in: Aus Politik und Zeitgeschichte. Beilage zur Wochenzeitung Das Parlament, B10 vom 8. März 1975, S. 15-38

56 Maximilian Harden: Parlamentspolizei, in: Die Zukunft, Band 71, 1910, S.137-147. Das folgende Zitat S. 144

57 Für das folgende STBAH 21. Legislaturperiode, V. Session 1912/13, 5. Band, S. 5648-5718

58 Paul Hirsch: Der Weg der Sozialdemokratie zur Macht in Preußen, Berlin 1929, S. 35

59 Zur Amtsführung von Kröchers vgl. Schumacher (wie Anm. 55), S. 22/23

60 Harden (wie Anm. 56), S. 146/147. Dort auch das folgende Zitat

61 Vgl. Huber (wie Anm. 38)

62 Vgl. Heinrich August Winkler: Preussischer Liberalismus und deutscher Nationalstaat. Studien zu Geschichte der Deutschen Fortschrittspartei 1861-1866, Tübingen 1964

63 Einen guten Überblick über die Haltung der Liberalen zur nationalen Einheit bietet Dieter Langewiesche: Liberalismus in Deutschland, Frankfurt 1988, bes. S. 85-127

64 Zur Sezession der „nationalen Fraktion" vgl. Winkler (wie Anm. 62)

65 Vgl. Klaus-Erich Pollmann: Parlamentarismus im Norddeutschen Bund 1867-1870, Düsseldorf 1985, bes. S. 21-92

66 Zu den Wahlrechtsvorstellungen der liberalen Parteien vgl. Walter Gagel: Die Wahlrechtsfrage in der Geschichte der deutschen liberalen Parteien 1848-1918, Düsseldorf 1958. Zu den Grundzügen des Dreiklassenwahlrechts siehe unten S. 61-63

67 Zum Wahlterrorismus, der in zahlreichen Veröffentlichungen gegen das Dreiklassenwahlrecht breit ausgemalt wird, und überhaupt zur Wahlkultur vgl. Thomas Kühne: Dreiklassenwahlrecht und Wahlkultur in Preussen 1867-1914, Düsseldorf 1994

68 Vgl. Pollmann (wie Anm. 65)

69 Zu Theorie und Praxis der Reform des Dreiklassenwahlrechts vgl. Gagel (wie Anm. 66); Hans Dietzel: Die preußischen Wahlrechtsreformbestrebungen von der Oktroyierung des Dreiklassenwahlrechts bis zum Beginn des Weltkrieges, Phil. Diss. Köln 1934; Kühne (wie Anm. 67), S. 377-574. Dieses Wahlrecht war so kompliziert, dass hier nur auf die einfachsten Züge eingegangen werden kann

70 Zum parlamentarischen und außerparlamentarischen Kampf der SPD gegen das Dreiklassewahlrecht vgl. Manfred Rexin: Preussens Sozialdemokratie unter dem Dreiklassenwahlrecht, in: Manfred Rexin (Hg.): Preussen und die Sozialdemokratie, Berlin 1981, S. 6-54; zum außerparlamentarischen Kampf den Ausstellungskatalog: Als die Deutschen demonstrieren lernten. Das Kulturmuster „friedliche Straßendemonstration" im preußischen Wahlrechtskampf 1908-1910, Tübingen 1986. Dort auch die beiden Zitate zu den Demonstrationen 1908 und 1910

71 Für die folgende Darstellung vgl. Dietzel (wie Anm. 69); Kühne (wie Anm. 67); Reinhard Patemann: Der Kampf um die preußische Wahlreform im Ersten Weltkrieg, Düsseldorf 1964

72 Hellmuth von Gerlach: Die Geschichte des preußischen Dreiklassenwahlrechts, Berlin-Schöneberg 1903, S. 32

	„Linke", linkes Zentrum	Deutsche Forschrittspartei	andere liberale Fraktionen	liberales und rechtes Zentrum	Kath. Fraktion, Kath. Zentrum	„Rechte", konserv. Fraktionen	Polen	Fraktionslos	Sitze
Februar 1849	158	-	-	121	-	53	15	3	350
Juli 1849	70	-	-	84	-	114	15	69	352
1852	91	-	-	-	53	128	11	69	352
1855	28	-	-	20	51	181	6	66	352
1858	-	-	-	195	57	47	18	35	352
1861	-	104	139	-	54	14	23	18	352
1862	-	133	115	-	28	11	22	43	352
1863	-	141	106	-	26	35	26	18	352
1866	-	95	77	-	15	136	21	8	352

Fraktionen im Preußischen Abgeordnetenhaus 1849-1866

	DK	FK	NL	LL	Z	SPD	Sonstige	Sitze
1867	122	91	106	81	13	-	19	432
1870	114	63	126	55	51	-	23	432
1873	32	46	175	72	86	-	21	432
1876	38	39	178	73	85	-	20	433
1879	108	62	105	40	95	-	23	433
1882	121	63	68	61	97	-	23	433
1885	133	67	71	44	98	-	20	433
1888	128	70	90	29	97	-	19	433
1893	143	66	89	20	94	-	21	433
1898	145	61	73	36	100	-	18	433
1903	144	60	80	33	97	-	19	433
1908	153	61	65	36	104	7	17	443
1913	147	54	73	40	103	10	16	443

Fraktionen im Preußischen Abgeordnetenhaus 1867-1918

DK Konservative Partei (seit 1876: Deutschkonservative Partei)
FK Freikonservative Partei (Reichspartei)
NL Nationalliberale Partei
LL Linksliberale Parteien
Z Katholische Zentrumspartei
SPD Sozialdemokratische Partei Deutschlands

	KPD	USPD	SPD	DDP	Z	DVP	WP	DHP	DNVP	NSDAP	Sonstige	Sitze	
1919	-	24	145	65	88	21	-	7	50	-	1	401	*Fraktionen im*
1921	31	28	114	26	84	58	4	8	75	-	-	428	*Preußischen*
1924	44	-	114	27	81	45	11	6	109	11	2	450	*Landtag*
1928	56	-	136	21	71	40	21	5	82	8	10	450	*1919-1933*
1932	57	-	94	2	67	7	-	1	31	162	2	423	
1933	63	-	83	-	68	3	-	2	43	211	3	476	

KPD Kommunistische Partei Deutschlands
USPD Unabhängige Sozialdemokratische Partei Deutschlands
SPD Sozialdemokratische Partei Deutschlands
DDP Deutsche Demokratische Partei (ab 1930: Deutsche Staatspartei)
Z Katholische Zentrumspartei
DVP Deutsche Volkspartei
WP Wirtschaftspartei
DHP Deutsch-Hannoversche Partei
DNVP Deutschnationale Volkspartei
NSDAP Nationalsozialistische Deutsche Arbeiterpartei (1924: Deutschvölkische Freiheitspartei)

Tabelle 1849-1866 nach:
Handbuch für den Preußischen Landtag, herausgegeben von E. Kienast Berlin 1933, S.492-497
Tabelle 1867-1918 nach:
Thomas Kühne: Handbuch der Wahlen zum Preußischen Abgeordnetenhaus 1867-1918, Düsseldorf 1994, S.55
Tabelle 1918-1933 nach:
Horst Möller: Parlamentarismus in Preußen 1919-1932, Düsseldorf 1985, S.601

Präsidenten und Vizepräsidenten des Preußischen Abgeordnetenhauses 1849-1918

Präsident

1849	Wilhelm Grabow
1849-1852	Maximilian Graf von Schwerin-Putzar
1852-1853	Alexander Uhden
1853-1855	Maximilian Graf von Schwerin-Putzar
1855-1858	Botho Heinrich Graf zu Eulenburg-Wicken
1859	Maximilian Graf von Schwerin-Putzar
1860-1861	Eduard Martin Simson
1862-1866	Wilhelm Grabow
1866-1873	Max von Forckenbeck
1873-1879	Rudolf von Bennigsen, nationalliberal
1879-1897	Georg von Köller, konservativ
1898-1911	Jordan von Kröcher, konservativ
1912	Hermann Freiherr von Erffa, konservativ
1913-1918	Hans Axel Tammo Graf von Schwerin, konservativ

Erster Vizepräsident

1849	Alfred von Auerswald
1849-1850	Eduard Martin Simson
1850-1852	Johann Geppert
1852-1853	Clemens Freiherr von Waldbott zu Bassenheim-Bornheim
1853-1854	Eduard Wilhelm von Engelmann
1854	Heinrich von Arnim-Heinrichsdorf
1854-1855	August Reichensperger
1855-1858	Heinrich von Arnim-Heinrichsdorf
1859	August Reichensperger
1860-1861	Wilhelm Grabow
1862-1863	Heinrich Theodor Behrend
1863-1866	Viktor von Unruh, nationalliberal
1866-1867	Friedrich Stavenhagen, nationalliberal
1867-1874	Georg von Köller, konservativ
1875	Wilhelm Loewe, nationalliberal
1876	Albert Hänel, Deutsche Fortschrittspartei
1877-1880	Moritz Klotz, Deutsche Fortschrittspartei
1880-1885	Robert von Benda, nationalliberal
1886-1903	Clemens August Freiherr von Heeremann von Zuydwyck, Zentrum
1903-1918	Felix Porsch, Zentrum

Zweiter Vizepräsident

1849-1851	Gisbert Lensing
1851-1852	Karl Wilhelm Aemilius Steinbeck
1852-1853	Eduard Wilhelm von Engelmann
1853-1854	Theodor Freiherr von Geyr zu Schweppenburg
1854-1855	Moritz August von Bethmann Hollweg
1855-1858	Heinrich Gustav Büchtemann
1859-1861	Ludwig Emil Mathis
1862-1865	Florens von Bockum-Dolffs
1866-1867	Gustav von Bonin

1867	Botho Wend Graf zu Eulenburg-Wicken
1867-1873	Rudolf von Bennigsen, nationalliberal
1873-1876	Rudolf Friedenthal, freikonservativ
1877-1879	Eduard Graf Bethusy-Huc, freikonservativ
1879-1880	Clemens August Freiherr von Heeremann von Zuydwyck, Zentrum
1880-1885	Rudolf Stengel, freikonservativ
1886-1893	Robert von Benda, nationalliberal
1894-1895	Eduard Graf, nationalliberal
1896-1916	Paul von Krause, nationalliberal
1916-1918	Walter Lohmann, nationalliberal

Präsidenten und Vizepräsidenten des Preußischen Landtags 1919-1933

Präsident

1919-1924	Robert Leinert, SPD
1925-1931	Friedrich Bartels, SPD
1931-1932	Ernst Wittmaack, SPD
1932-1933	Hanns Kerrl, NSDAP

Vizepräsident

1919-1924	Felix Porsch, Zentrum
1925-1933	Wolfgang von Kries, DNVP
1933	Heinrich Haake, NSDAP

Zweiter Vizepräsident

1919-1921	Otto Frentzel, DDP
1921-1924	Wolfgang von Kries, DNVP
1925-1929	Felix Porsch, Zentrum
1929-1933	Josef Baumhoff, Zentrum

Dritter Vizepräsident

1919-1921	Wolfgang von Kries, DNVP
1921-1927	Hugo Garnich, DVP
1927-1932	Otto Wiemer, DVP
1932-1933	Heinrich Haake, NSDAP
1933	Wolfgang von Kries, DNVP

Die Tabelle mit den Fraktionszahlen für den Zeitraum von 1849 bis 1866 kann keinen Anspruch auf Präzision erheben. Die Fraktionsgrenzen waren bis Ende der sechziger Jahre des 19. Jahrhunderts oft unbestimmt und die Fluktuationsrate hoch. Deshalb wird die Parteizugehörigkeit der Präsidenten und Vizepräsidenten erst ab etwa 1870 angegeben.

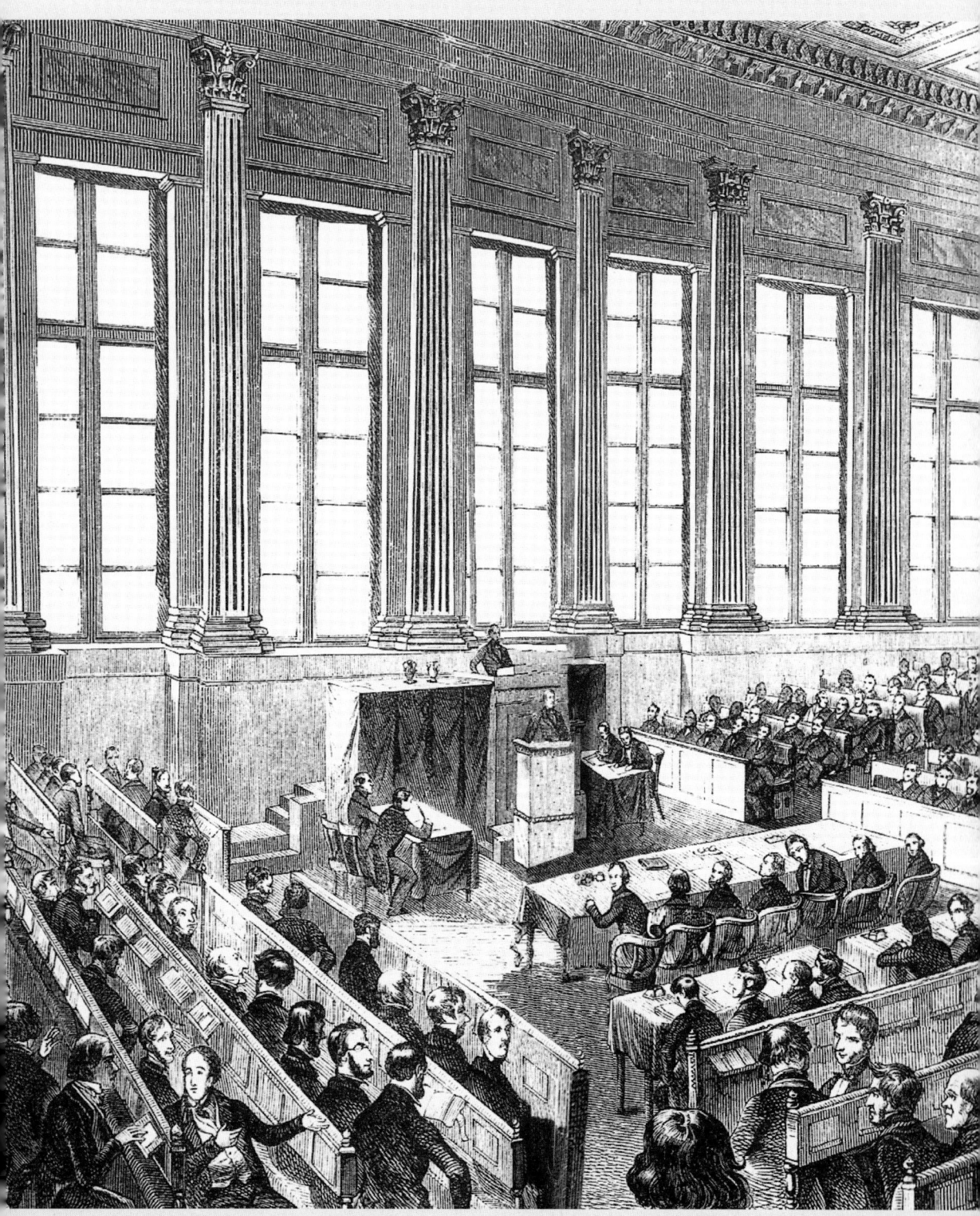

Das Parlament des Dreiklassenwahlrechts

Der preußische Weg zum Verfassungsstaat

Am 22. Mai 1848 trat die *Preußische Nationalversammlung* zu ihrer konstituierenden Sitzung zusammen. Sie hatte den Auftrag, eine Verfassung zu beraten und zu verabschieden, mit der zum ersten Mal in der Geschichte Preußens die Beziehungen zwischen Staat und Gesellschaft gesetzlich fixiert und schriftlich formuliert werden sollten. Sie sollte nicht nur die Grund- und Freiheitsrechte, die aus Untertanen erst Staatsbürger machen, gewähren, sondern auch die Gleichheit aller Staatsbürger an die Stelle ständischer Privilegien setzen. Im Zentrum aber stand die Frage, wie die Bürger angemessen an den Entscheidungen des Staates beteiligt werden können, wie Rechte, Pflichten und wechselseitige Beziehungen zwischen königlicher Regierung einerseits und Volksvertretung andererseits nach dem Prinzip der Gewaltenteilung geregelt werden können.

Die Versammlung selbst war am 1. Mai auf der Grundlage eines allgemeinen, gleichen, geheimen und indirekten Wahlrechts gewählt worden, das nach dem Maßstab der Zeit außerordentlich demokratisch war. Wahlberechtigt war jeder männliche Preuße, der das 24. Lebensjahr vollen-det hatte, dem die bürgerlichen Ehrenrechte nicht aberkannt worden waren, der keine Armen-Unterstützung aus öffentlichen Kassen bezog und der am Wahlort seit mindestens sechs Monaten seinen Wohnsitz hatte. Für die Wählbarkeit galten die gleichen Bestimmungen, mit dem Unterschied, dass der passiv Wahlberechtigte das 30. Lebensjahr vollendet haben musste. In Urwahlbezirken mit 500 Einwohnern wurde jeweils ein Wahlmann gewählt; die Wahlmänner wählten ihrerseits in jedem der 402 Wahlkreise, die etwa den Landkreisen und den kreisfreien Städten entsprachen, jeweils einen Abgeordneten.

Die Wahl und die Einberufung der *Nationalversammlung* standen am Anfang eines verschlungenen Weges voller Hindernisse, auf dem Preußen zum Verfassungsstaat wurde. Zugleich waren sie der vorläufige End- und Höhepunkt einer Entwicklung, die bereits lange zuvor begonnen hatte. Seit 1810 waren wiederholt königliche Erklärungen abgegeben worden, die die „Ausarbeitung einer Verfassungs-Urkunde" und die Bildung einer „Repräsentation des Volkes" für die nahe Zukunft ankündigten. Dass sich die preußi-schen Monarchen zu solchen Erklärungen genötigt sahen, wird nur verständlich angesichts der Krise, in der sich die absolutistischen Regierungen spätestens seit der Französischen Revolution im Jahre 1789 befanden. Diese Krise wurde auf doppelte Weise im Verlauf und als Folge der Eroberungskriege Napoleons verschärft. Zum einen wurde in den eroberten Gebieten und in den mit dem napoleonischen Frankreich verbündeten Staaten im ersten Jahrzehnt des 19. Jahrhunderts eine Reihe revolutionärer Errungenschaften eingeführt, die in weiten Kreisen der Bevölkerung auf große Zustimmung stießen.

Zum anderen waren gerade Staaten wie Preußen, das nach der Niederlage bei Jena und Auerstedt und dem Frieden von Tilsit im Jahre 1807 die Hälfte seines Staatsgebietes verlor und durch hohe Kontributionsforderungen am Rande des finanziellen Ruins stand, gezwungen, durch grundlegende Reformen in der staatlichen Verwaltung, der Wirtschaft und dem Militär diese Verluste so weit wie möglich auszugleichen. Der Ausgleich und der Erfolg der Reformen war nur möglich, wenn es gelang die Gesellschaft zu mobilisieren. Dies sollte einerseits durch die Steigerung wirtschaftlicher Aktivitäten erreicht werden, die durch die Beseitigung zahlreicher einschränkender Bestimmungen – hier seien nur die Agrarre-

Zufall, dass das erste preußische Verfassungsversprechen Teil des Finanzedikts vom 27. Oktober 1810 war, in dem die neue Wirtschaftsverfassung erläutert und die Heranziehung der Bürger zu

territoriale und staatsrechtliche Neuordnung Europas. Zwar war diese Neuordnung in hohem Maße am vorrevolutionären und vornapoleonischen Europa orientiert; eine Reihe grundlegender Verände-

Sitzung der Preußischen Nationalversammlung in der Singakademie, 1848

formen mit der Kapitalisierung der Landwirtschaft und die Aufhebung des Zunftzwangs mit der Einführung der Gewerbefreiheit genannt – wesentlich erleichtert wurde. Andererseits sollte die Bereitschaft der Bürger gesteigert werden, die Lasten des Staates mitzutragen, und zwar sowohl im militärischen Bereich – genannt sei die Einführung der Allgemeinen Wehrpflicht – als auch im finanziellen Bereich der Steuerleistung. Es ist kein

höheren Steuerleistungen mit dem Finanzbedürfnis des Staates begründet wurde.
Wer, so kann man zusammenfassend sagen, stärker als bisher durch den Staat belastet wird, der soll auch größere Mitbestimmungsrechte an den Entscheidungen des Staates erhalten.
Nach der Niederlage Napoleons gingen die alliierten Siegermächte vom Herbst 1814 bis zum Sommer 1815 auf dem Wiener Kongreß an die

rungen wurde jedoch keineswegs rückgängig gemacht. Die kleinen weltlichen und geistlichen Territorialfürsten, die im Zuge der napoleonischen Eroberungen ihre Selbständigkeit verloren hatten, wurden nicht wieder in ihre Rechte eingesetzt. Ihre ehemaligen Herrschaftsgebiete verblieben bei den Staaten, denen sie zuvor zugesprochen worden waren, das heißt vor allem den mit Napoleon verbündeten Staaten, die sich

1806 zum Rheinbund zusammengeschlossen hatten.

Auch die Wiederherstellung des Reiches kam nicht mehr in Frage. Die deutschen Fürsten schlossen sich vielmehr zum Deutschen Bund zusammen, der als einzige Institution zur Regelung gemeinsamer Angelegenheiten die

ser Ankündigung wurde sichtbar, als eine Reihe kleinerer Mitgliedstaaten des Bundes ständische Vertretungskörperschaften reaktivierte oder gar neu errichtete, die vormoderne Interessenvertretungen des grundbesitzenden Adels und anderer privilegierter Gruppen waren.

nen. Die verfassungspolitische Avantgarderolle dieser Staaten verdankt sich der Tatsache, dass sie bereits in der Rheinbundzeit unter napoleonischem Protektorat Reformen durchgeführt hatten, die sich der Errungenschaften der französischen Revolution bedienten. Im Zentrum der Re-

Sitzung auf dem Wiener Kongreß

Bundesversammlung hatte, ein Gesandtenkongress, der in Frankfurt am Main zusammentrat. Als eine Art „Grundgesetz" fungierte die „Deutsche Bundesakte", die im Juni 1815 noch in Wien verabschiedet wurde und in deren Artikel 13 mit der Formulierung „In allen Bundesstaaten wird eine landständische Verfassung stattfinden" ein Verfassungsversprechen enthalten war. Die Zweideutigkeit die-

In den süddeutschen Mittelstaaten dagegen wurden in rascher Folge – Bayern (1818), Baden (1818), Württemberg (1819) und Hessen-Darmstadt (1820) – Verfassungen erlassen, die zwar immer noch mehr oder weniger ständische und mit Einkommen oder Vermögen verbundene Beschränkungen aufwiesen, die aber als erste Schritte auf dem Weg zur modernen repräsentativen Volksvertretung gelten kön-

formen stand der Code Napoléon, das bürgerliche Gesetzbuch, das keine ständischen Unterscheidungen und Vorrechte kennt. Die Notwendigkeit dieser Reformen war um so größer, als gerade diese Rheinbundstaaten von der Auflösung kleiner Territorialherrschaften besonders profitiert hatten und sich gezwungen sahen, die Integration der neuen Landesteile in den Gesamtstaat forciert zu betreiben. Diesem Ziel diente die Vereinheitlichung der Verwaltung nach französischem Muster ebenso wie die Wahl und Einberufung gesamtstaatlicher Vertretungskörperschaften. Gerade in Preußen, das auf dem Wiener Kongreß die größte Gebietserweiterung verzeichnen konnte, hätte also die Einberufung einer gesamtstaatlichen parlamentarischen Versammlung nahe gelegen. Dies gilt um so mehr, als die beiden wichtigsten Neuerwerbungen, Westfalen und das Rheinland, zum Teil länger als ein Jahrzehnt unter direkter französischer Verwaltung gestanden und grundlegende Strukturveränderungen in Richtung auf eine moderne Staatsbürgergesellschaft durchgemacht hatten. Die in unmittelbarer zeitlicher Nähe zur Verabschiedung der Bundesakte am 22. Mai 1815 erneuerte Zusage, die baldige Ausarbeitung einer „schriftlichen Urkunde als Verfassung des Preußischen Reiches" ebenso wie die Einrichtung einer „Repräsentation des Volkes" in Kürze in Angriff nehmen zu wollen, blieb jedoch bis zur Revolution 1848 unerfüllt.

Preußen wurde weiterhin, ebenso wie Österreich, absolutistisch regiert. Die beiden Großmächte konnten durch ihr Übergewicht den Deutschen Bund beherrschen und ihn zu einem antiliberalen Bollwerk ausbauen, einem Hindernis auf dem Weg der Verfassungsentwicklung. Fünf Jahre nach der Bundesakte, die nur provisorischen Charakter hatte, wurde am 15. Mai 1820 die „Wiener Schlußakte" als „endgültiges Grundgesetz" des Bundes verabschiedet. Im Artikel 57 dieser Akte wurde der Artikel 13 der Bundesakte in gewissem Umfang revidiert. Durch die Formulierung des „monarchischen Prinzips", nach dem „die gesamte StaatsGewalt in dem Oberhaupt des Staates vereinigt bleiben" sollte, wurde allen Verfassungen mit Gewaltenteilung ein Riegel vorgeschoben. Überdies behielt der Deutsche Bund sich das Recht vor, „im Falle einer Widersetzlichkeit der Untertanen gegen die Regierung" eines Mitgliedsstaates auch ohne die Zustimmung dieses Staates militärisch einzugreifen.

Bereits im Jahr zuvor waren auf einer Ministerkonferenz in Karlsbad Beschlüsse gefasst worden, die allen liberalen Bestrebungen und Bewegungen die Grundlage entziehen sollten und von allen Mitgliedsstaaten des Bundes übernommen werden mussten. Oppositionelle Gruppen und Vereine wurden verboten, besonders die Universitäten strenger staatlicher Kontrolle unterworfen, mit der Möglichkeit liberale Professoren zu entlassen. In Mainz wurde eine „Central-UntersuchungsCommission" eingerichtet, die nicht nur die Aufgabe hatte, alle „revolutionären Umtriebe und demagogischen Verbindungen" zu verfolgen, sondern die auch die Zensur über Druckerzeugnisse ausübte, um die Verbreitung liberaler Ideen zu verhindern.

Dass in diesem Rahmen nicht an eine Einlösung der Verfassungszusage in Preußen zu denken war, liegt auf der Hand. Verwirklicht wurden von der programmatischen Erklärung aus dem Jahre 1815 nur die *Provinziallandtage*, deren Errichtung für jede der acht Provinzen 1823 gesetzlich angeordnet wurde. Ihre Zusammensetzung und ihre Kompetenzen waren jedoch weit entfernt von dem, was in der Öffentlichkeit als Repräsentation des Volkes verstanden wurde. Vertreten waren ausschließlich die Grundbesitzer, und zwar unterteilt in drei Stände, die jeweils in ihrer Gruppe ihre Abgeordneten wählten. Dem ersten

Stand, den Rittergutsbesitzern, die in ihrer überwiegenden Mehrheit dem Adel angehörten, zu dem aber auch Bürger zählten, sofern sie im Besitz eines privilegierten Rittergutes waren, kam die Hälfte der Sitze zu. Die Bürger mit städtischem Grundbesitz stellten ein Drittel und die grundbesitzenden Bauern ein Sechstel der Sitze. Damit waren einerseits große Bevölkerungsgruppen völlig ausgeschlossen und andererseits dem Großgrundbesitz die absolute Mehrheit gesichert. Überdies hatten die *Provinziallandtage* nur in den Angelegenheiten der provinziellen Selbstverwaltung das Recht Beschlüsse zu fassen; in den Angelegenheiten der Gesetzgebung hatten sie nur eine beratende Funktion, sofern der König überhaupt gewillt war, sie ihnen vorzulegen. Auch nach der Thronbesteigung Friedrich Wilhelms IV. im Jahre 1840 kam es zu keinen grundlegenden Veränderungen. Die *Provinziallandtage* mit ihrer Orientierung an vormodernen, mittelalterlichen Vorbildern entsprachen in hohem Maße der politischen Vorstellungswelt dieses Königs, den man den „Romantiker auf dem Thron" nennen wird. Andererseits war seine

Vorstellung von den Verpflichtungen eines Königs so pathetisch besetzt, dass er die Zusagen seines Vaters durchaus ernst nahm. Seine Vorbehalte gegenüber Verfassungen, die seine königliche Macht geschmälert hätten, waren gleichwohl so groß, dass es erst sieben Jahre nach seiner Thronbesteigung zu einem

ersten und halbherzigen Versuch kam, die königlichen Versprechen einzulösen. Dieser Versuch hatte allerdings weniger mit seinem königlichen Selbstverständnis und mehr mit der Tatsache zu tun, dass das letzte der drei Verfassungsversprechen Friedrich Wilhelms III. in einem engen Zusammenhang mit der Finanzpolitik des Staates gemacht worden war. Im Staatsschuldengesetz vom 17. Januar 1820 war verbindlich erklärt worden, dass neue

Staatsanleihen „nur mit Zuziehung und unter Mitgarantie der künftigen reichsständischen Versammlung" aufgenommen werden dürften. Da seit Anfang der vierziger Jahre im Rahmen einer forcierten Verkehrspolitik der Plan bestand, die preußischen Eisenbahnverbindungen auszubauen, kam die Regierung

angesichts des großen Kapitalbedarfs, der mit der Verwirklichung dieser Pläne verbunden war, an einer neuen Kreditaufnahme und damit an der Einberufung einer gesamtpreußischen Vertretungskörperschaft nicht vorbei. Nach längerer Vorbereitung wurde am 3. Februar 1847 ein „Patent die ständischen Einrichtungen betreffend" erlassen, in dessen Zentrum die gemeinsame Einberufung der acht *Provinziallandtage* zu einem *Vereinigten Landtag* stand.

Diesem *Vereinigten Landtag* sollte die Beschlussfassung über Steuern und Staatsschulden zukommen; bei allen weiteren Gesetzen hatte er nur eine beratende Kompetenz

lung keineswegs bereit war, die wiederholten Verfassungszusagen seines Vaters einzulösen. Dass diese Erklärung bei der großen Mehrheit der Abgeordneten auf Unverständnis

Vereinigtem Landtag und König entwickelten, waren deshalb unvermeidlich. Im Zentrum der Forderungen, die aus der Mitte der Versammlung erhoben wurden, stand die nach

Seite 52:
Eröffnung des
Vereinigten Land-
tags im Weißen
Saal des König-
lichen Schlosses
in Berlin am
11. April 1847

Seite 53:
Sitzung des Ver-
einigten Landtags
im Weißen Saal
des Königlichen
Schlosses in
Berlin, 1847

und das heißt, der König konnte auch gegen den Willen der Versammlung Gesetze erlassen. Der *Vereinigte Landtag* sollte zudem nicht regelmäßig, sondern nur von Fall zu Fall vom König einberufen werden und zusammentreten. Als sich die 613 Abgeordneten am 11. April 1847 im Weißen Saal des Berliner Schlosses zur ersten Sitzung des *Vereinigten Landtags* versammelten, machte der König in seiner Eröffnungsrede noch einmal mit aller Klarheit deutlich, dass er trotz der Einberufung dieser gesamtstaatlichen Versamm-

und Ablehnung stieß, macht deutlich sichtbar, dass die Entwicklung längst über die Hinhaltetaktik des Monarchen hinweggegangen war. Auch zahlreiche Vertreter des die Versammlung dominierenden Adels, auf dessen konservative Solidarität der König sicher glaubte rechnen zu können, waren zu seiner Überraschung nicht bereit, eine grundbesitzständische Interessenvertretung als repräsentative Vertretungskörperschaft zu akzeptieren.
Die Konflikte, die sich in den folgenden Wochen zwischen

periodischen, also nicht nur nach königlichem Ermessen von Fall zu Fall einberufenen Tagungen, wie dies bei den Landtagen der süddeutschen Staaten längst üblich war. Da der König nicht bereit war, diese Forderung zu erfüllen, verweigerte der *Vereinigte Landtag* mit dem Argument, er sei aus diesem Grunde gar nicht die im Staatsschuldengesetz vorgesehene „reichsständische Versammlung", den Kreditgesetzen mit einer Zweidrittelmehrheit seine Zustimmung. Der bereits begonnene Eisenbahnbau wurde daraufhin eingestellt und die Sitzungen des *Vereinigten Landtags* am 26. Juni 1847 geschlossen.

Als Friedrich Wilhelm IV. sich Anfang März 1848 — möglicherweise beraten durch seine Minister, die zwar kaum weni-

ger konservativ als er, aber stärker an den Notwendigkeiten der praktischen Regierungsarbeit orientiert waren — entschloss, die Forderungen nach periodischen Sitzungen des *Vereinigten Landtags* doch noch zu erfüllen, war die politische Entwicklung endgültig mit Riesenschritten über solche Zugeständnisse hinweggegangen. Im Februar war in Paris im Gefolge revolutionärer Unruhen der König gestürzt und die Republik ausgerufen worden. Die Ereignisse in der französischen Hauptstadt hatten Signalwirkung für ganz Europa. In den süddeutschen Staaten, in Österreich und in den rheinischen Gebieten Preußens war in den ersten Märztagen in Volksver-

Barrikaden-
kämpfe in der
Breiten Straße
in Berlin am
18. März 1848

Barrikadenkämpfe
am Alexanderplatz
in Berlin in der
Nacht vom 18. auf
den 19. März 1848

sammlungen und auf Massendemonstrationen ein ganzer Katalog von Forderungen erhoben worden. In ihrem Zentrum standen die Aufhebung der Zensur und die Herstellung der vollständigen Presse- und Redefreiheit, das freie Versammlungs- und Vereinigungsrecht, die Einführung von Schwurgerichten,

schnell bereit, auf diese Forderungen einzugehen. Im absolutistischen Preußen zielten die Forderungen auf die Errichtung einer Verfassung oder zumindest die sofortige Einberufung des *Vereinigten Landtags*.
Seit dem 7. März fanden deshalb auch in der preußischen Hauptstadt täglich Volksver-

großen Versammlung vor dem Schloss nicht nur bereit, den *Vereingten Landtag* zum 2. April einzuberufen, sondern gab vor allem auch seine Weigerung auf, die wiederholten Verfassungsversprechen einzulösen. Die friedliche Versammlung vor dem Schloss wurde völlig unerwartet zum Ausgangspunkt der gewalttätigsten und blutigsten Auseinandersetzungen der Revolution in Preußen. Als Forderungen nach dem Abzug der in großer Zahl in und um das Schloss aufmarschierten Truppen laut wurden, fielen Schüsse, denen der bewaffnete Angriff des Militärs auf die Versammlung folgte. Innerhalb kurzer Zeit wurden überall in der Stadt Barrikaden errichtet, an denen sich die Revolutionäre, die aus allen Schichten der Bevölkerung stammten, erbitterte Kämpfe mit den Soldaten lieferten. Bis tief in die Nacht dauerten die Barrikadenkämpfe an, an deren Ende mehr als 230 Tote standen.

Angehörige der Berliner Bürgerwehr, Karikatur

die allgemeine Gleichheit der politischen und bürgerlichen Rechte und die allgemeine Volksbewaffnung. In den meisten Verfassungsstaaten, wo die Erweiterung der Rechte der Volksvertretung und die Berufung liberaler Minister verlangt wurden, waren die regierenden Fürsten ziemlich

sammlungen statt. Als Truppen eingesetzt wurden, um die Versammlungen aufzulösen, kam es zu gewalttätigen Auseinandersetzungen, die am 15. März in Barrikadenkämpfe übergingen und erste Todesopfer forderten. Am 18. März erklärte sich der König schließlich angesichts einer

Am Morgen des 19. März befahl der König den Rückzug der Truppen, die im Laufe des Tages vollständig aus Berlin abrückten. An ihre Stelle trat eine bewaffnete Bürgerwehr, die noch am gleichen Tag zusammengestellt wurde. Symbolischer Höhepunkt der Revolution in Berlin war die Bereitschaft des Königs, noch am gleichen Tag den Toten der Kämpfe des Vortages, den sogenannten „Märzgefallenen", die im Trauerzug vor das Schloss geführt wurden, durch Abnahme der Kopfbedeckung die Ehre zu erweisen. Am 22. März erklärte Friedrich Wilhelm IV. erneut in einer Proklamation seine Bereitschaft, alle „Märzforderungen" zu erfüllen: Der *Vereinigte Landtag* werde ein Wahlgesetz zu einer verfassunggebenden *Nationalversammlung* beraten und verabschieden, die „eine auf Urwahlen begründete, alle Interessen des Volkes ohne Unterschied der religiösen Glaubensbekenntnisse umfassende Vertretung" sein werde. Am 2. April trat der *Zweite Vereinigte Landtag* zusammen. Seine wichtigste Aufgabe war die Beratung des Gesetzes über die Berufung der konstituierenden *Preußischen Nationalversammlung*, das am 8. April unter dem Titel „Wahlgesetz für die zur Vereinbarung der Preußischen Staatsverfassung zu berufende Versammlung" verabschiedet wurde. Die Formulierung war von nicht geringer Bedeutung, da sie für die zukünftigen Verhandlun-

gen einen Kontinuitäts- und Legalitätskurs vorschrieb. Dieser Kurs war bereits bei der Entscheidung, das Gesetz über die Wahl und Berufung einer *Nationalversammlung* nicht kraft revolutionären Rechts zu erlassen, sondern durch ein bereits bestehendes Gremium zu verabschieden, eingeschlagen worden. Die künftige Verfassung sollte nicht einseitig von der Volksvertretung oder vom König, sondern einvernehmlich zwischen Volksvertretung einerseits und König andererseits vereinbart werden.

Bereits auf ihrer ersten Sitzung am 22. Mai legte die Regierung der *Nationalversammlung* den Entwurf einer Verfassung vor. Nach ausgedehnter Beratung im Plenum wurde Mitte Juni eine Verfassungskommission eingesetzt, die den Entwurf im Detail überarbeiten sollte, aber auch das Recht hatte, einen eigenen Entwurf vorzulegen. Als Ergebnis einer grundlegenden Revision der Regierungsvorlage stand am 26. Juli der Versammlung ein Kommissionsentwurf zur Verfügung. Dieser neue Entwurf einer preußischen Verfassung wurde nach dem Vorsitzenden der Kommission, dem linksliberalen Demokraten Franz Benedikt

Waldeck, als „Charte Waldeck" bezeichnet.

Die „Charte Waldeck" unterschied sich in einigen wesentlichen Punkten vom Regierungsentwurf. Beide Entwürfe sahen ein Zweikammersystem vor und beide wollten bei der Wahl zur *Zweiten Kammer*, der eigentlichen Volksvertretung, zunächst an dem sehr fortschrittlichen Wahlgesetz festhalten, nach dem die *Nationalversammlung* gewählt worden war. Während der Regierungsentwurf sich jedoch ausdrücklich die Revision dieses Wahlgesetzes vorbehielt, ohne allerdings zu sagen, in welcher Form, legte der Kommissionsentwurf eine weitere Demokratisierung des Wahlrechts fest, da nach zwei Legislaturperioden die direkte an die Stelle der indirekten Wahl treten sollte.

Bei Wahl und Zusammensetzung der *Ersten Kammer* gingen die Vorschläge weit auseinander. Im Regierungsentwurf gehörten diesem „Oberhaus" sämtliche Prinzen des Königlichen Hauses an. Weitere 60 Mitglieder sollten vom König nach freier Entscheidung ernannt werden und ihre Mitgliedschaft erblich weitergeben können; Bedingung für die Ernennung war allerdings das außerordentlich hohe Einkommen von 8.000 Talern im Jahr. Die übrigen 180 Mitglieder sollten von den gleichen Wahlmännern gewählt werden, die auch die Abgeordneten zur *Zweiten Kammer* wählten; Voraussetzungen für ihre Wählbarkeit waren ein Mindesteinkommen von 2.500 Talern und die Vollendung des 40. Lebensjahres. Nach dem Entwurf der Kommission wurde dagegen die Zahl der Mitglieder der *Ersten Kammer* auf 175 reduziert und sah weder die Königlichen Prinzen noch vom König ernannte Mitglieder vor. Gewählt werden sollten die Angehörigen der *Ersten Kammer* von den Vertretungskörperschaften der Bezirke und Kreise und wählbar war – ohne Einschränkung durch Mindesteinkommen – jeder Preuße, der das 40. Lebensjahr vollendet hatte.

Beide Entwürfe beließen, streng nach dem Prinzip der Gewaltenteilung, dem König die exekutive Gewalt; entgegen dem Prinzip der Gewaltenteilung führten dagegen beide Entwürfe den König als dritte legislative Instanz neben den beiden Kammern ein. Während nach dem Regierungsentwurf Gesetze nur erlassen werden konnten, wenn alle drei Instanzen ihre Zu-

stimmung gegeben hatten, dem König also ein absolutes Veto zukam, beließ ihm der Kommissionsentwurf nur ein suspensives Veto. Danach musste der König ein Gesetz auch dann erlassen, wenn er

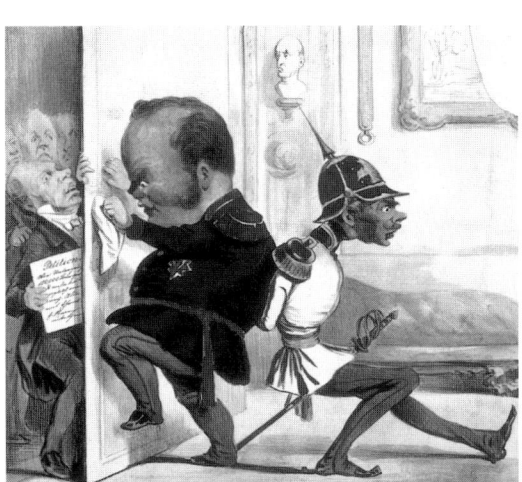

seine Zustimmung zwar verweigert hatte, die beiden Kammern das Gesetz aber unverändert dreimal mit Mehrheit verabschiedet hatten.

Der König, der inzwischen längst seine Nachgiebigkeit in den Märztagen bedauerte, war nicht bereit, diese Beschneidung seiner Herrschaftsrechte zu akzeptieren. Als die *Nationalversammlung* überdies im August nach einem Zwischenfall in Schweidnitz, bei dem das Militär friedliche Demonstranten erschoss, die Regierung aufforderte, die betreffenden Trup-

pen aus Schweidnitz abzuziehen und dafür zu sorgen, dass das Offizierskorps sich den neuen politischen Verhältnissen anpasse, sah sich der König zudem in seinem Recht als Oberbefehlshaber der Armee

Karikatur auf die Rolle der Militärpartei während der Revolution

eingeschränkt. Damit schien ihm und der konservativen Militärpartei der erste Schritt vom Königsheer zum Parlamentsheer zurückgelegt, dessen Einführung sie strikt ablehnten, aber durch die Bestimmung des Kommissionsentwurfs, die Armee künftig auf die Verfassung zu vereidigen, drohen sahen. Nachdem die *Nationalversammlung* schließlich im Oktober mit großer Mehrheit beschlossen hatte, die Formel „von Gottes Gnaden" im Titel des preußischen Monarchen aus der Präambel der beiden Verfassungsentwürfe zu streichen, waren von Seiten des Königs, des Hofs und der Regierung die Brücken zur *National-versammlung* endgültig abgebrochen.

Zum endgültigen Scheitern der Vereinbarung einer Verfassung trugen allerdings auch außerparlamentarische Ereignisketten bei. Im Laufe des Sommers waren in Berlin verschiedene Vereinigungen und Versammlungen zusammengekommen, die zum Teil Beziehungen zur extrem linken Minderheitsfraktion der *Nationalversammlung* unterhielten und die Befürchtung hegten, die geplanten Veränderungen gingen nicht weit genug. Sie

verbanden diese Befürchtung mit der Forderung nach stärkerer Demokratisierung und gelegentlich sogar nach der Abschaffung der Monarchie und der Einführung der Republik. Darüber hinaus war es

wiederholt zu Demonstrationen und Straßenunruhen gekommen, die ihren Höhepunkt am 14. Juni im Sturm auf das Zeughaus fanden und eine Folge der nicht erfüllten Forderung der Organisationen der Arbeiter waren, im Rahmen der allgemeinen Volksbewaffnung der Bürgerwehr gleichgestellt zu werden. Diese Versammlungen und Unruhen boten den Mitgliedern der hochkonservativen Kreise um den König, die in den ersten Wochen nach der Revolution zunächst untätig geblieben waren, Anlass zur Vorbereitung der Konterrevolution. Als es im Oktober

erneut zu Unruhen und bewaffneten Auseinandersetzungen zwischen Arbeitern und der Bürgerwehr kam, wurden Truppen unter Befehl des Generals von Wrangel um Berlin zusammengezogen.

Ende Oktober ernannte der König den General Graf Brandenburg, ein hochkonservatives Mitglied der auf Konterrevolution sinnenden Militärpartei, zum Ministerpräsidenten.

Bisher waren die entscheidenden Mitglieder der Regierungen, die im Laufe des Sommers einander abgelöst hatten, immer Vertreter des gemäßigten Liberalismus gewesen. Das gilt für die rheinischen Bankiers David Hansemann und Ludolf Camphausen ebenso wie für den ostpreußischen Gutsbesitzer Rudolf von Auerswald und selbst noch für den General von Pfuel. Trotz aller Differenzen wussten sich deren Regierungen in Übereinstimmung mit der liberalen Mehrheit der *Nationalversammlung*. Das traf für den Ministerpräsidenten Graf Brandenburg nicht mehr zu und die *Nationalversammlung* protestierte deshalb am 1. November entschieden, wenn auch vergeblich gegen dessen Ernennung.

Am 9. November teilte der neue Ministerpräsident der *Nationalversammlung* mit, sie sei auf den 27. November vertagt und ihre Sitzungen würden nach Brandenburg an der Havel verlegt. Begründet

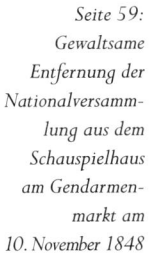

wurden die Vertagung und vor allem die Verlegung mit der Behauptung, nur so sei die Sicherheit der Versammlung gewährleistet, nachdem am 31. Oktober einzelne Mitglieder von Demonstranten belästigt worden waren. Die *Nationalversammlung* fühlte sich jedoch keineswegs bedroht und erklärte mit der überwiegenden Mehrheit ihrer Mitglieder, die Vertagung und Verlegung seien ungesetzlich, da dem König das Recht dazu nicht zustehe; sie werde deshalb ihre Verhandlungen fortsetzen. Als die *Nationalversammlung* am Vormittag des 10. November ihre Beratungen wieder aufnahm, erschien General von Wrangel, der mit seinen Truppen inzwischen in Berlin einmarschiert war, und drohte der Versammlung die Auflösung unter Anwendung von Gewalt an. Unter Protest fügten sich die Abgeordneten dieser Aufforderung. Zwei weitere Versuche die Tagungen in Berlin fortzusetzen, und zwar am 11. November im Schützenhaus und am 15. November im Saal des Hotels Mielentz unter den Linden, mussten – inzwischen war in ganz Preußen der Belagerungszustand und in Berlin das Kriegsrecht verhängt worden – ebenfalls nach Androhung militärischer Gewalt abgebrochen werden.

Auf ihrer Sitzung am 15. November unternahm die *Nationalversammlung* noch einen letzten Versuch, sich mit den ihr zur Verfügung stehenden Mitteln zur Wehr zu setzen. Sie erklärte, dass ihr als Parlament allein das Recht zur Steuerbewilligung zukomme. Die Regierung, die gegen ihr Recht verstoßen habe, dürfe deshalb nicht über die bewilligten Steuern verfügen. Ihr Aufruf an die Steuerzahler zur Steuerverweigerung hatte jedoch lediglich symbolischen Charakter, da die *Nationalversammlung* über keinerlei Mittel verfügte, die Steuerzahler zur Befolgung des Aufrufs anzuhalten. Der Versuch der konservativen Minderheit, in den letzten November- und den ersten Dezembertagen eine Plenarsitzung in Brandenburg abzuhalten, scheiterte an der Verweigerung der liberalen

Mehrheit, die dafür sorgte, dass die Versammlung beschlussunfähig blieb.

Mit der Auflösung der *Nationalversammlung* am 5. Dezember 1848 war der Staatsstreich von oben abgeschlossen. Noch am gleichen Tag erließ der König unter Bruch des Vereinbarungsprinzips eine oktroyierte, also einseitig aufgezwungene Verfassung, die eine

noch zu vergrößern. Dafür spricht zum einen, dass am Schluss der oktroyierten Verfassung im Artikel 112 die sofortige Revision nach dem ersten Zusammentritt der Kammern, der bereits auf den 26. Februar festgelegt wurde, angeordnet wird. Zum anderen wird in einer Anmerkung zum Artikel 67, dem Wahlrechtsartikel für die Wahlen

Auch in diesem Falle war allerdings eine Fußnote beigefügt, die eine baldige Revision im Sinne des Regierungsentwurfs nahelegte. Da die im Kommissionsentwurf als Wahlkörper vorgesehenen Bezirks- und Kreisvertretungen noch nicht existierten, wurde für die Januarwahl ein vorläufiges Wahlgesetz erlassen, nach dem jeder wahlbe-

Vertreibung der Nationalversammlung aus dem Saal des Hotels Milentz am 15. November 1848

ganze Reihe von Gemeinsamkeiten mit der „Charte Waldeck" aufwies. Insbesondere die Beibehaltung des gleichen Wahlrechts für die *Zweite Kammer* stieß auf große Überraschung in der Öffentlichkeit. Es dürfte sich jedoch um eine vorläufige Konzession gehandelt haben, um die allgemeine Unzufriedenheit nicht

zur *Zweiten Kammer*, explizit auf eine zukünftige, der Revision vorbehaltene Einteilung der Wähler in Klassen Bezug genommen.

Auch für die Wahl und die Zusammensetzung der *Ersten Kammer* blieb es bei dem Kommissionsentwurf, der sich erheblich vom Regierungsentwurf unterschieden hatte.

rechtigt war, der das 30. Lebensjahr vollendet hatte, eine jährliche Klassensteuer von mindestens acht Talern zahlte oder ein Einkommen von mindestens 500 Talern bzw. einen Grundbesitz im Werte von mindestens 5.000 Talern vorweisen konnte.

Im Übrigen wird in der oktroyierten Verfassung unter

anderem das absolute Veto des Königs wieder eingeführt und im strategisch wichtigen Artikel 105 der Regierung ein Notverordnungsrecht eingeräumt. Mit diesem war es möglich, außerhalb der Tagungsperiode der beiden Kammern in dringenden Fällen Verordnungen mit Gesetzeskraft zu erlassen, die beim nächsten Zusammentritt den Parlamenten zur nachträglichen Genehmigung vorgelegt werden mussten.

In der zweiten Januarhälfte 1849 fanden die Wahlen zu den beiden Kammern statt. Während die Wahl zur *Ersten Kammer*, wie bei dem hohen Zensus nicht anders zu erwarten, eine, wenn auch geringe, konservative Mehrheit ergab, blieb es in der *Zweiten Kammer* bei einer liberalen Mehrheit. Die Konflikte waren damit von Anfang an absehbar. Nach der Eröffnung am 26. Februar 1849 mussten beide Kammern zunächst, um überhaupt ihre Hauptaufgabe, die Revision der oktroyierten Verfassung in Angriff nehmen zu können, diese Verfassung anerkennen. Beide Kammern waren unter Vorbehalten, vor allem in der *Zweiten Kammer*, dazu bereit, weil anders ihre eigene Existenz in Frage gestellt gewesen wäre. Beide

Kammern waren indes keineswegs bereit, die umfangreichen Notverordnungen, die auf der Grundlage des Artikels 105 inzwischen erlassen worden waren, nachträglich anzuerkennen, da erhebliche Zweifel an der Dringlichkeit dieser Maßnahmen bestanden. Als die *Zweite Kammer* am 21. April über die gesamtdeutsche Verfassung diskutierte, die von der *Deutschen Nationalversammlung* in Frankfurt inzwischen vorgelegt worden war, und als sie mit Mehrheit einen Antrag annahm, der diese Verfassung als rechtsgültig anerkannte, machte der König von seinem in der oktroyierten Verfassung fixierten Recht zur Auflösung der Kammern Gebrauch. Die *Erste Kammer* wurde allerdings nicht aufgelöst, sondern nur bis zur Neuwahl der *Zweiten Kammer* vertagt.

Zwar hätte diese Neuwahl, wie in der Verfassung vorgesehen, innerhalb von 40 Tagen nach der Auflösung stattfinden müssen. Da aus der Perspektive der königlichen Regierung die Gefahr jedoch außerordentlich groß war, dass bei der Neuwahl eine ähnlich zusammengesetzte oder gar noch liberalere Volksvertretung gewählt werden würde, sollte zuvor die Revision des

Wahlrechts mit Hilfe des Notverordnungsartikels durchgeführt werden. Weder die Überschreitung der 40-Tagefrist noch die Revision des Wahlrechts waren verfassungsrechtlich unbedenklich. Auch Hilfskonstruktionen wie die Behauptung, die *Zweite Kammer* habe durch ihre Beschlussfassung über die Paulskirchenverfassung Verfassungsbruch begangen, da solche außenpolitische Angelegenheiten nicht in ihrer Kompetenz standen, waren kaum geeignet, die Tatsache zu verdecken, dass die Regierung auf dem Weg war, mit einem zweiten Staatsstreich die Konterrevolution von oben zu beenden.

Am 30. Mai 1849 wurde ein neues Wahlrecht für die *Zweite Kammer* erlassen, das als „Dreiklassenwahlrecht" berühmt und berüchtigt wurde. Der Kreis der wahlberechtigten Personen war der gleiche, der im alten Wahlrecht vorgesehen war, das Wahlrecht blieb also im Rahmen der Vorstellungen des 19. Jahrhunderts ein allgemeines Wahlrecht. Beibehalten wurde auch die indirekte Form der Wahl, nur dass jetzt nicht mehr 500, sondern 250 Urwähler auf einen Wahlmann kamen. Anders als im alten Wahlrecht war die Wahl nicht länger geheim, sondern öffentlich. Jeder Urwähler musste dem Vorsitzenden der Wahlkommission unter Anwesenheit der anderen Wahlberechtigten laut sagen, auf welchen Wahlmann seine Wahl gefallen war. Vor allem diese Regelung öff-

nete der indirekten Wahlbeeinflussung durch sozialen und wirtschaftlichen Druck Tür und Tor. Dies gilt um so mehr, als die Angehörigen der dritten und untersten Klasse, der in der Regel die sozial und wirtschaftlich am stärksten abhängigen Staatsbürger angehörten, zuerst und das heißt in Anwesenheit der Wähler der zweiten und der ersten Klasse ihre Entscheidung bekannt geben und anschließend das Wahllokal verlassen mussten. Die entscheidende Neuerung war die Einteilung der Wähler

in drei Klassen. Dabei wurde die Gesamtsumme der direkten Steuern eines Urwahlbezirks bzw. einer Gemeinde in drei gleiche Teile geteilt. Die Wahlberechtigten mit den höchsten Steueraufkommen wurden nacheinander von oben absteigend der ersten

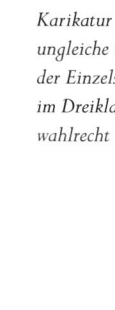

Karikatur auf das ungleiche Gewicht der Einzelstimmen im Dreiklassenwahlrecht

Klasse zugeteilt, bis das erste Drittel gedeckt war. Die nächstfolgenden Wahlberechtigten kamen nach dem gleichen Verfahren in die zweite Klasse und alle anderen in die dritte Klasse.

Da die Wähler jeder Klasse jeweils einen Wahlmann wählten, die Zahl der Wähler in der dritten Klasse die der ersten Klasse aber um ein Vielfaches übertraf, ergab sich damit ein extrem ungleiches Wahlrecht.

Wie groß die Ungleichheit war, wird schon an den Zah-

len der ersten Wahl nach dem neuen Wahlrecht, die am 17. Juli 1849 stattfand, sichtbar. Der ersten Klasse gehörten ganze 153.000 Wähler an, das waren 4,7 Prozent; in der zweiten Klasse wählten 409.000 Preußen, im ganzen 12,6 Prozent und in der dritten Klasse schließlich drängten sich 2.691.000 Urwähler, das waren insgesamt 82,7 Prozent aller Wähler. Die neugewählte *Zweite Kammer* nahm, ebenso wie die erneut einberufene *Erste Kammer*, mit dem Abschluss der Verfassungsrevision im Dezember 1849 auch dieses Wahlrecht an. Dass es dieses Mal keine Konflikte gab, war darauf zurückzuführen, dass jetzt auch die *Zweite Kammer* stärker konservativ zusammengesetzt war. An zwei Tatsachen wird sichtbar, dass diese Zusammensetzung nicht ausschließlich auf das Wahlrecht zurückzuführen ist. Zum einen hatten die Linksliberalen und Demokraten die Wahl unter dem neuen, undemokratischen Wahlrecht boykottiert, so dass das Spektrum stark nach rechts verschoben war. Zum anderen gab es, als diese Gruppen sich ab 1858 wieder an den Wahlen beteiligten, über mehrere Wahlperioden stark liberale Mehrheiten.

Mitglieder des Herrenhauses nach dem Gottesdienst im Dom auf dem Weg ins Schloss zur Eröffnung der Sitzung des Preußischen Landtags im Januar 1910

Das plutokratische Dreiklassenwahlrecht blieb mit gelegentlichen Anpassungen einiger Bestimmungen an neue Steuergesetze bis zum Ende der Monarchie in Kraft. Dass die nach diesem Wahlrecht gewählte *Zweite Kammer* ab 1855 *Abgeordnetenhaus* genannt wurde, hängt mit der Tatsache zusammen, dass die *Erste Kammer* als *Herrenhaus* nicht nur bezeichnet wurde, sondern jetzt auch ein Herrenhaus war. Zwar blieb es bis 1855 bei der Wahl und der Zusammensetzung der *Ersten Kammer* bei dem provisorischen Wahlgesetz vom Dezember 1848. Bereits in der revidierten und dann bis 1918 endgültigen preußischen Verfassung, die am 31. Januar 1850 in Kraft

trat, waren aber, wie im Regierungsentwurf vom Mai 1848, die Königlichen Prinzen ebenso als Mitglieder vorgesehen wie eine Zahl von Personen, die der König auf Lebenszeit ernannte. Als am 12. Oktober 1854 die Zusammensetzung der *Ersten Kammer* endgültig festgelegt wurde, fielen die noch in der Verfassung von 1850 vorgesehenen gewählten Mitglieder weg. Die *Erste Kammer* war jetzt, grob gesprochen, zusammengesetzt aus Mitgliedern von Familien des Hochadels, die einen erblichen Anspruch auf einen Sitz hatten, aus Mitgliedern, die vom König auf Lebenszeit ernannt wurden und aus Mitgliedern, die von den zehn Landesuni-

versitäten und denjenigen preußischen Städten, die vom König die Berechtigung dazu erhalten hatten, präsentiert wurden. In aller Regel handelte es sich im letzten Fall um die jeweiligen Oberbürgermeister. Da dieses preußische „Oberhaus" als *Herrenhaus* bezeichnet wurde und da man, wie ein zeitgenössischer Spötter meinte, die *Zweite Kammer* schlecht als „Gesindehaus" bezeichnen konnte, kam es zu dem einfachen Namen *Abgeordnetenhaus*.

Vom Provisorium zum Neubau

Die Gebäude des Preußischen

Abgeordnetenhauses

Die beiden parlamentarischen Körperschaften, die im Vorfeld der Konstitutionalisierung Preußens zusammentraten – der *Vereinigte Landtag* und die *Preußische Nationalversammlung* – hatten keine eigenen, nur ihnen vorbehaltene Tagungsräume. Der *Vereinigte Landtag* hielt seine Sitzungen 1847/48 im Weißen Saal des Berliner Schlosses. Für die *Nationalversammlung* wurde im Frühjahr 1848 kurzfristig der Konzertsaal der Singakademie angemietet und in aller Eile mit neuer Bestuhlung – genauer gesagt, mit Bänken – versehen. Da der Mietvertrag bis 31. August befristet war und sich nur unter großen Schwierigkeiten hätte verlängern lassen, trat die *Nationalversammlung* ab September im Konzertsaal des Schauspielhauses am Gendarmenmarkt zusammen. Dort fand am 10. November 1848 ihre letzte Sitzung statt, die von den Truppen des Generals von Wrangel, die am gleichen Tag in Berlin eingerückt waren, aufgelöst wurde. Der *Nationalversammlung* wurde als letzte Tagungsstätte der Dom zu Brandenburg an der Havel zugewiesen, in dem sie ab 27. November zusammentreten sollte. Bis zur endgültigen Auflösung der *Nationalver-*

*Seite 66:
Die Singakademie am Kastanien-
wäldchen, 1842*

*Seite 67, oben:
Das Palais
Hardenberg in der Leipziger Straße 75, von 1849 bis 1898 Tagungsort des Abgeordneten-
hauses*

*Seite 67, unten:
Das Palais
Mendelssohn Bartholdy in der Leipziger Straße 3, von 1851 bis 1899 Tagungsort des Herrenhauses*

sammlung am 5. Dezember fanden dort zwar Gespräche, aber keine Plenarsitzungen mehr statt.

Für die beiden Kammern des *Landtags*, die in der oktroyierten Verfassung vom 5. Dezember 1848 vorgesehen waren, im Januar 1849 gewählt wurden und am 27. Februar zu ihrer konstituierenden Sitzung zusammentraten, wurden in nur sechswöchiger Bauzeit Tagungsgebäude errichtet, die als mittelfristige Provisorien geplant waren. Die *Erste Kammer* übernahm das ehemalige Palais des Ministers Heinitz in der Oberwallstraße 4. In dessen Hof wurde das Hauptgebäude mit dem Sitzungssaal und einigen Nebenräumen für Kommissionssitzungen, für die Stenographen und für die Garderobe errichtet. Weitere Geschäftsräume und die Restauration befanden sich im Vorderhaus, in dessen Obergeschoss eine Wohnung für den Präsidenten eingerichtet wurde. Nachdem das Gebäude mit dem Sitzungssaal am 10. März 1851 einem Brand zum Opfer gefallen war,

konnte die *Erste Kammer* ein Palais in der Leipziger Straße 3 übernehmen. Das Palais war zwischen 1735 und 1740 errichtet worden, hatte mehrmals den Besitzer gewechselt – zwischen 1745 und 1765 war hier die *Seidenmanufaktur* untergebracht – und gehörte seit 1825 dem Bankier Abraham Mendelssohn Bartholdy. Da der Verkauf des Hauses an

den preußischen Staat erst im Mai 1851 abgeschlossen war und anschließend noch ein Sitzungsgebäude im Garten errichtet werden musste, trat die *Erste Kammer* im Jahre 1851 vorübergehend im Konzertsaal des Schauspielhauses zusammen. Ihr neues Domizil konnte sie mit der Eröffnungssitzung am 27. November 1851 übernehmen. Hier ver-

blieb das *Herrenhaus*, wie die *Erste Kammer* seit 1855 bezeichnet wurde, bis zum Beginn des Neubaus im Jahre 1899.

Der *Zweiten Kammer*, ab 1855 *Abgeordnetenhaus* genannt, wurde am anderen Ende der Leipziger Straße, der Nr. 55 (später Nr. 75), ein Palais zur Verfügung gestellt, das nach seinem prominentesten Vorbesitzer, dem Staatskanzler Fürst Hardenberg, als Palais Hardenberg bekannt war. Auch hier wurde Anfang 1849 im Hof ein Sitzungsgebäude errichtet, in dem neben dem Plenarsaal einige Sitzungsräume, Arbeitszimmer und die Restauration untergebracht waren. Weitere Geschäftsräume mussten im Palais untergebracht werden, so dass für den Präsidenten eine

Dienstwohnung in einem Nachbargebäude angemietet werden musste.

Der Zustand des Hauses und die Arbeitsbedingungen, die es bot, wurden schon bald Gegenstand zahlreicher Klagen, die von den Mitgliedern des Parlaments im Laufe der Jahre und Jahrzehnte, in denen sie gezwungen waren, mit dem zunächst nur als sechsjähriges Provisorium geplanten Gebäude vorlieb zu nehmen, immer häufiger und lauter erhoben wurden. Besonders beklagt wurde die mangelhafte Belüftung und Heizung des Gebäudes. Wie wiederholt behauptet wurde, hätten diese Mängel bereits den vorzeitigen Tod mehrerer Volksvertreter nach sich gezogen. Ebenso unbefriedigend war die Erschließung des Gebäudes, da nur die Abgeordneten direkt von der Leipziger Straße Zugang hatten. Das Publikum musste hingegen einen langen und verschlungenen Weg nehmen, der in der Oberwallstraße begann und über mehrere Nachbargrundstücke führte. Im Zentrum aller Klagen stand jedoch die Tatsache, dass das Gebäude von Anfang an zu klein war. Die Geschäftsführung logierte im Entresol, dem kellerähnlichen Sockelgeschoss, in dem nur bei

Kunstlicht gearbeitet werden konnte, und im Plenarsaal stand jedem Abgeordneten nur etwa ein halber Quadratmeter Raum zur Verfügung, so dass auf Schreibpulte an den Sitzen verzichtet werden musste.

Diese Klagen wurden meist im Zusammenhang von Dis-

kussionen über die Errichtung des überfälligen Neubaus geäußert. Besonders akut wurde diese Frage im Jahre 1866, als die Zahl der Abgeordneten von 350 auf 430 stieg, da die im Gefolge des Sieges Preußens über Österreich von Preußen annektierten Gebiete – Hannover, Kurhessen,

Seite 68:
Das Gebäude des Abgeordnetenhauses nach dem Umbau 1872 bis 1875, Grundriss

Seite 69:
Sitzung des Deutschen Reichstags im Plenarsaal des Abgeordnetenhauses, 1871

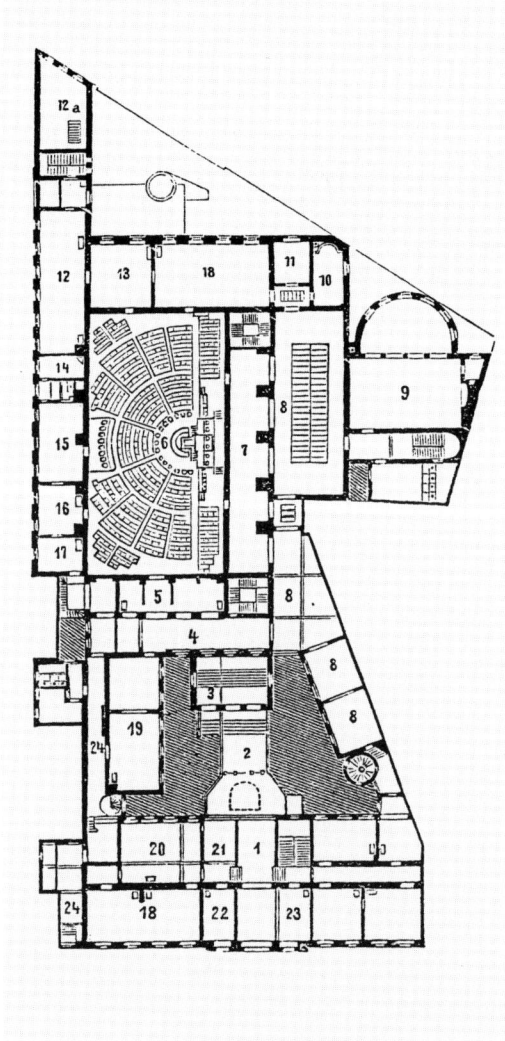

Nassau, Schleswig-Holstein und Frankfurt am Main – jetzt ebenfalls im Parlament vertreten wurden. Trotz der intensiven Diskussion über die Notwendigkeit eines Neubaus und trotz der grundsätzlichen, aber hinhaltenden Bereitschaft der Staatsregierung, Abhilfe zu schaffen, kam es schließlich doch nur zu einem Umbau. Der Sitzungssaal wurde verlängert und auf einem schmalen Geländestreifen, der vom Nachbargrundstück übernommen wurde, ein Anbau mit einigen Nebenräumen errichtet. Während des Umbaus im Jahre 1867 trat das *Abgeord-* *netenhaus* im Konzertsaal des Schauspielhauses zusammen. Zwischen 1872 und 1875 wurden weitere Umbau- und Renovierungsarbeiten durchgeführt, die zum Teil bereits zuvor geplant gewesen waren, wegen des Beginns des deutsch-französischen Krieges im Jahre 1870 jedoch hatten zurückgestellt werden müssen. Diese Arbeiten betrafen, neben der Erneuerung der Böden, Wände und Fenster des gesamten Gebäudes, vor allem die Errichtung eines neuen Anbaus auf dem letzten noch unbebauten Teil des Grundstücks und die Neube- stuhlung des Plenarsaals, die nach modernen Vorbildern fächerförmig angeordnet wurde. Überdies wurden die Belüftung, die Beleuchtung und vor allem die Akustik des Saales verbessert. Diese war immer wieder Gegenstand heftiger Klagen gewesen, da die meisten Redner, die von ihrem Sitz aus sprachen, für weiter entfernt sitzende Mitglieder des Parlaments, vor allem aber auch auf den Besucher- und Pressetribünen nicht zu verstehen waren. Diese Maßnahmen verdankten sich auch der Tatsache, dass das Gebäude des Abgeordne-

tenhauses in der Zwischenzeit als Tagungsstätte für den *Deutschen Reichstag*, das Parlament des neugegründeten Deutschen Reiches, genutzt worden war. Bereits während der ersten Sitzungen des *Reichstags* wurde scharfe Kritik an den unzulänglichen Arbeitsbedingungen im Abgeordnetenhaus geübt. Angesichts dieser Mängel und auch angesichts der Tatsache, dass zwei Parlamente sich auf Dauer kaum einen Plenarsaal, ganz zu schweigen von den übrigen Geschäftsräumen, würden teilen können, beschloss der *Reichstag*, eine Baukommission einzusetzen. Diese sollte sich nicht nur mit der Frage eines Neubaus befassen, sondern auch mit der Errichtung eines provisorischen Tagungsgebäudes. Dieses provisorische Reichstagsgebäude wurde ab Juni

1871 in einer Bauzeit von nur vier Monaten durch die Überbauung des ersten Hofes der *Königlichen Porzellanmanufaktur* in der Leipziger Straße 4, unmittelbar neben dem Gebäude des Herrenhauses, errichtet; die *Manufaktur* zog nach Charlottenburg.
Die Instandsetzungs- und Umbaumaßnahmen, die zwischen 1872 und 1875 durchgeführt worden waren, hatten zwar manche Mängel behoben, an der Raumnot des *Abgeordnetenhauses* aber nichts grundsätzlich geändert. Es lag deshalb nahe, den Plan eines Neubaus weiter zu verfolgen. Das *Abgeordnetenhaus* trat deshalb ab 1875 wiederholt mit dem Vorschlag an die zuständigen Ministerien heran, einen Neubau auf dem südlichen Teil des Grundstücks Leipziger Straße 4, gewissermaßen im Rücken

des provisorischen Reichstagsgebäudes, zu errichten. Dieser Vorschlag lag um so näher, als der südliche Teil dieses Gartens – ebenso wie der des benachbarten Herrenhauses – seit Anfang der siebziger Jahre von der über die Wilhelmstraße bis zur Königgrätzer Straße verlängerten Zimmerstraße durchschnitten wurde. In dem Antrag, den der Gesamtvorstand des *Abgeordnetenhauses* 1882 dem Parlament vorlegte, wurde auf die Lage des vorgeschlagenen Baus an der verlängerten Zimmerstraße, die ab 1889 Prinz-Albrecht-Straße hieß, ausdrücklich Bezug genommen. Damit war die später verwirklichte Lösung im Grundsatz gefunden, wobei jedoch noch einige Hindernisse zu überwinden waren. Zunächst hatte der *Reichstag* seinerseits diesen Bauplatz für einen Neubau in Aussicht genommen. Zwar war bereits 1872 die Entscheidung für die Ostseite des Königsplatzes gefallen; da dieses Grundstück aber nicht zur Verfügung stand, wurde in den Folgejahren eine Reihe anderer Bauplätze in Betracht gezogen, wobei die Mehrzahl der Reichstagsabgeordneten wiederholt für den Garten der Leipziger Straße 4 plädierte. Darüber hinaus war das benachbarte *Herrenhaus* nicht bereit, einen Teil seines Gartens zur Verfügung zu stellen, ohne den der Vorschlag des *Abgeordnetenhauses* nicht hätte verwirklicht werden können, da

Auszug des *Reichstags* aus seinem Provisorium in das definitive Reichstagsgebäude, der noch in weiter Ferne lag, zu verwirklichen gewesen.
Ein drittes Hindernis schließ-

zuständigen Ministerien behielten sich den weiteren Ausbau dieses Museumsstandortes vor und erhoben deshalb auch Anspruch auf das gegenüberliegende, vom *Abgeordne-*

Seite 70:
Das provisorische Reichstagsgebäude in der Leipziger Straße 4, am linken Bildrand ein Schilderhäuschen des Kriegsministeriums

Seite 71:
Die Gebäude des Landtags und ihre Umgebung, 1913

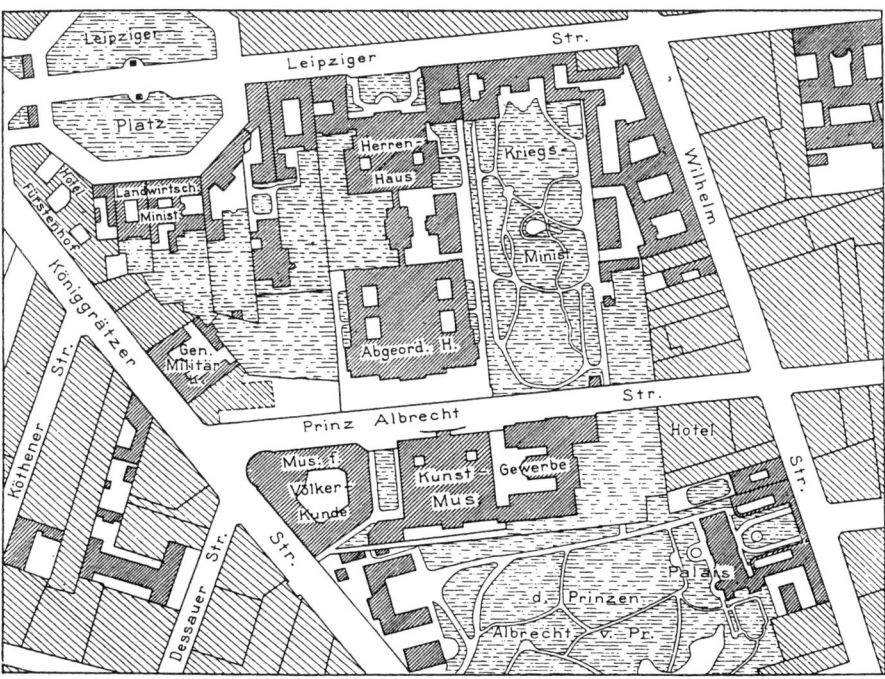

das Grundstück Leipziger Straße 4 zu schmal war. Noch weniger war das *Herrenhaus*, dessen Mitglieder sich in ihrem Provisorium wohlfühlten, für den zwischenzeitlich erwogenen Plan zu gewinnen, sein Haus und das benachbarte provisorische Reichstagsgebäude abzureißen, um auf dem damit gewonnenen Bauplatz ein gemeinsames Gebäude für beide Häuser des *Landtags* zu errichten. Dieser Plan wäre überdies erst mit dem

lich ergab sich aus der Tatsache, dass seit Anfang der siebziger Jahre auf der Südseite der verlängerten Zimmerstraße der Bau von Museen geplant wurde. Ab 1877 wurde das *Gewerbemuseum* nach Plänen von Martin Gropius und Heino Schmieden errichtet und drei Jahre später begann auf dem Nachbargrundstück an der Ecke der späteren Prinz-Albrecht-Straße mit der Königgrätzer Straße der Bau des *Völkerkundemuseums*. Die

tenhaus als Bauplatz erwogene Grundstück.
Erst Ende der achtziger Jahre waren diese Hindernisse beseitigt. Vom Ausbau eines Museumsstandortes war jetzt nicht mehr die Rede; das einzige Gebäude, das noch errichtet wurde, die *Kunstgewerbeschule*, übernahm das östliche Nachbargrundstück des *Kunstgewerbemuseums*. Der *Reichstag* hatte sich bereits in seiner letzten Sitzung des Jahres 1881 für den Standort des

Neubaus am Ostrand des Königsplatzes ausgesprochen, der inzwischen zur Verfügung stand. Es war abzusehen, dass der dort errichtete Neubau bis 1894 bezugsfertig werden und der *Reichstag* das Grundstück Leipziger Straße 4 räumen würde. Mit dieser Räumung hing die Beseitigung des letzten Hindernisses eng zusammen. Das *Herrenhaus* war inzwischen nicht nur bereit, einen Teil seines Gartens zur Verfügung zu stellen, sondern

Seite 72, oben:
Der Neubau für
das Herrenhaus in
der Leipziger
Straße 3/4

Seite 72, unten:
Der Neubau für
das Abgeordneten-
haus in der Prinz-
Albrecht-Straße 5

Seite 73:
Grundriss der
beiden Gebäude
des Landtags

selbst an einem Neubau interessiert.

Die Lösung, die sich jetzt anbot, war die Kombination und leichte Modifikation der beiden Vorschläge, die vom Präsidium des *Abgeordnetenhauses* in den siebziger Jahren vorge-

bracht worden waren. Die Grundstücke Leipziger Straße 3 und 4 wurden zusammengelegt und an der Südgrenze ein Neubau für das *Abgeordnetenhaus* geplant. Das provisorische Reichstagsgebäude und das Gebäude des Herrenhau-

ses wurden abgerissen und über die Breite der beiden Grundstücke an der Leipziger Straße ein Neubau für das *Herrenhaus* errichtet. Der Entwurf für beide Häuser stammt von Friedrich Schulze, der als Bauinspektor bei der Ministerial-Bau-Kommission tätig war. Als Bauaufsichtsbeamter für das *Abgeordnetenhaus* war er bereits seit Jahren mit den Problemen, vor allem aber auch mit den Bedürfnissen des Parlaments vertraut und hatte Anfang der achtziger Jahre bereits einige Entwürfe vorgelegt, an die er jetzt anknüpfen konnte. Begonnen wurde 1892 mit dem Bau des Abgeordnetenhauses, das 1899 übernommen werden konnte; die Mitglieder des *Herrenhauses* zogen jetzt bis zur Fertigstellung ihres Neubaus in das ehemalige provisorische Gebäude des Abgeordnetenhauses um und kehrten 1904 in das neue Gebäude am alten Standort zurück.

Damit war – von der Wilhelmstraße nach Westen – faktisch die gesamte Südseite der Leipziger Straße und des Leipziger Platzes so etwas wie eine preußische Regierungsmeile. Dem *Kriegsministerium*, das bereits in der ersten Hälfte des 19. Jahrhunderts das ehemalige Happesche Palais in der Leipziger Straße 5/6 übernommen hatte und damit direkter Nachbar des neuen Landtagskomplexes wurde, folgte 1876 das *Landwirtschaftsministerium*, das die Gebäude Leipziger Platz 8 und 9 bezog. Bis zur Jahrhundert-

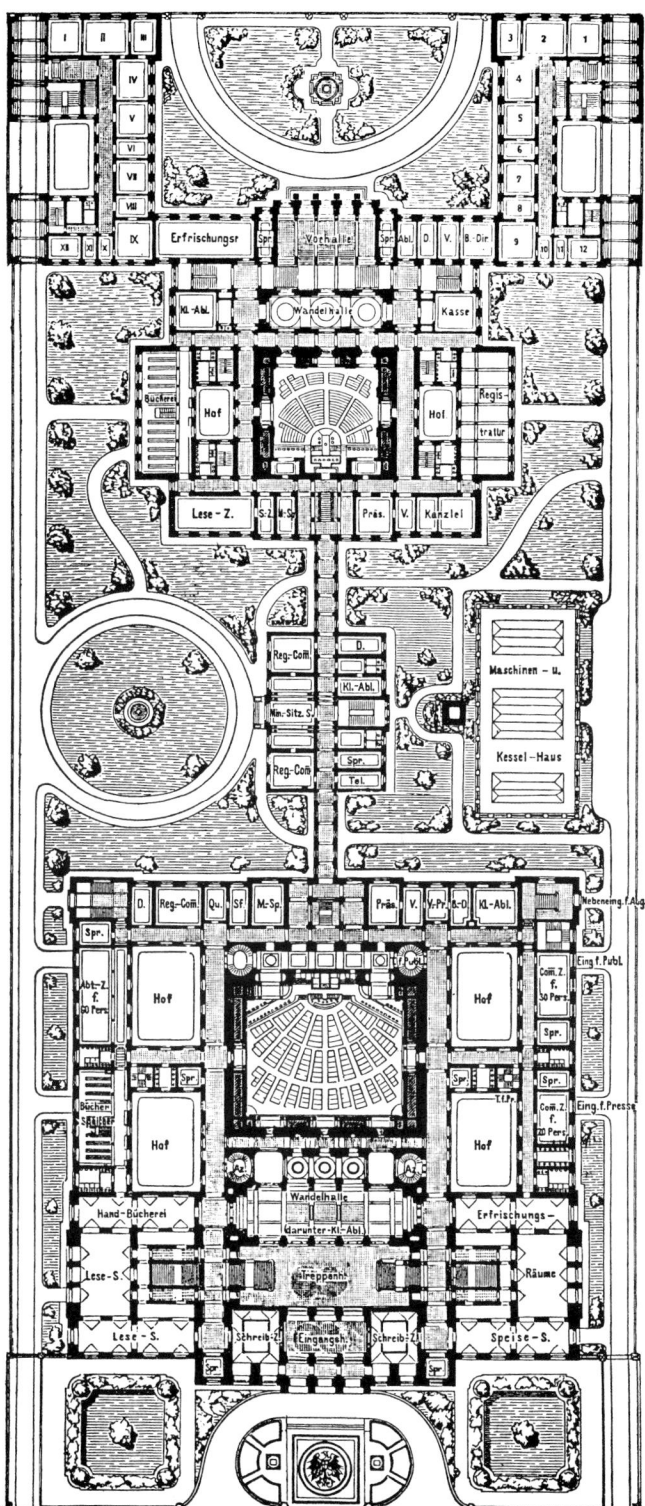

wende hatte dieses Ministerium sich um die Häuser Leipziger Platz 6 und 7 erweitert und beherrschte damit fast die

gesamte Südseite des Platzes. Im Jahre 1887 bezog das *Ministerium für Handel und Gewerbe* das dem alten wie dem neuen Herrenhaus westlich benachbarte Gebäude Leipziger Straße 2. Zwei Jahre später wurde die Lücke zum *Landwirtschaftsministerium* geschlossen, als das *Preußische Staatsministerium*, die Behörde des Ministerpräsidenten, das Gebäude Leipziger Straße 1 / Leipziger Platz 11 übernehmen konnte, das 1852 von Heinrich Strack als Biersches Wohnhaus errichtet worden war und lange Zeit als eines der schönsten Häuser Berlins galt.
Während diese Häuser eine Straßenfront in der Baufluchtlinie bildeten, öffnete sich vor

dem neuen Gebäude des Herrenhauses ein Ehrenhof. In den beiden Flügelbauten, die den Ehrenhof rechts und links begrenzten, waren jeweils die Dienstwohnungen der Präsidenten und der Bürodirektoren der beiden Häuser des *Landtags* untergebracht; das Parlamentsgebäude bildete das corps de logis. Offenbar hatte sich der Architekt bei der Wahl des Bautypus und des Baustils am Vorbild des barocken Adelspalais orientiert; eine Wahl, die nahe lag angesichts der Tatsache, dass die Nutzer dieses Hauses fast alle adeliger Herkunft waren und das *Herrenhaus* als Interessenvertretung der aristokratischen Elite bezeichnet werden kann.
Beim Bau des Abgeordnetenhauses – das aus praktischen Gründen, da das gegenüber-

liegende *Kunstgewerbemuseum* um die Belichtung der Ateliers im Obergeschoss fürchtete, von der Bauflucht um 20 Meter zurückgesetzt wurde – hatte sich der Architekt dagegen am Vorbild italienischer Renaissance-Palazzi des 16. Jahrhunderts orientiert. Die Wahl dieses Baustils entsprach der Überzeugung, er sei in Italien der Stil wirtschaftlich und politisch einflussreicher Bürger gewesen und deshalb für ein Gebäude angemessen, in dem vor allem die Repräsentanten der bürgerlichen Gesellschaft ihre Interessen vertraten.
Das Gebäude des Abgeordnetenhauses, das mit dem des Herrenhauses durch einen Zwischenbau verbunden war, in dem sich unter anderem der Sitzungssaal für das *Staatsministerium* befand, war funktional auf den Plenarsaal bezogen, der mit 700 m² etwa doppelt so groß war wie der Plenarsaal im früheren Provisorium. Das gesamte Haus wurde von der zentralen Treppenhalle erschlossen, die quer hinter der Eingangshalle lag, über alle Stockwerke reichte und an ihren Schmalseiten links und rechts je eine Freitreppe hatte. Im Saalgeschoss – damals als Erdgeschoss bezeichnet – waren die Räume

für das Präsidium und das
Restaurant, die Zeitungslese-
räume und kleine Bespre-
chungszimmer untergebracht.
Darüber befanden sich die
großen Sitzungssäle und der
Festsaal, der über dem Haupteingang und damit im repräsentativen Zentrum des Hauses lag. Im Sockelgeschoss
waren Büros und Räume der
Hausverwaltung.

Als die Mitglieder des *Abgeord-*
netenhauses am 16. Januar
1899 zu ihrer ersten Sitzung
im neuen Hause zusammen-
traten, war ein langer Weg,
der fast genau ein halbes Jahrhundert gedauert hatte, zu
Ende.

Seite 75, links:
Der Lesesaal im
Abgeordnetenhaus,
1899

Seite 75, rechts:
Die Wandelhalle
im Abgeordneten-
haus, 1899

Architektur und Politik

Ein monumentales Gebäude und seine Symbolik

Die vehemente und häufig wiederholte Kritik an den katastrophalen Zuständen im alten Abgeordnetenhaus in der Leipziger Straße hat die Tatsache in den Hintergrund treten lassen, dass die Volksvertreter nicht nur an einem Neubau interessiert waren, der angemessene Arbeitsbedingungen bot. Das Gebäude sollte vielmehr auch eine Verkörperung des Anspruchs auf Bestand und Ausbau der Verfassung und auf Bewahrung und Steigerung der Teilhabe des Parlaments an der staatlichen Macht sein.

Es ist kein Zufall, dass die Kritik an dem alten Gebäude erst nach 1859 laut wurde, als sich die Sitzverteilung im Parlament zugunsten der Liberalen verschoben hatte. Dass die konservative Mehrheit in den Jahren zuvor keine Initiative zur Beseitigung der offenbaren Mängel oder gar zur Errichtung eines Neubaus unternommen hatte, dürfte mit der Tatsache zusammenhängen, dass der provisorische Charakter des Gebäudes weitgehend dem Verfassungsverständnis der Konservativen entsprach. Wie die hochkonservative Regierung unter Ministerpräsident Otto von Manteuffel verfolgten die Konservativen in dieser Zeit das Ziel, die Ver-

fassung und die darin fixierten Rechte der Volksvertretung wenn nicht zu beseitigen, so doch weitgehend auszuhöhlen. Diese antikonstitutionelle und antiparlamentarische Politik hat die konservativen Abgeordneten im Übrigen keineswegs daran gehindert, wenn es in ihrem Interesse lag, die Möglichkeiten, die Verfassung und Parlament ihnen boten, auch gegen die Regierung zu nutzen. Diese konservative Doppelstrategie war in den folgenden Jahrzehnten in Kaiserreich und Republik ebenso erfolgreich wie verhängnisvoll.

Der Zusammenhang zwischen dem provisorischen Charakter des Parlamentsgebäudes und dem ebenso provisorischen Charakter von Verfassung und Parlament lässt sich auch an den Äußerungen einiger Abgeordneter ablesen. In der ersten Sitzung, in der überhaupt von einem Neubau gesprochen wurde, hob der katholische Abgeordnete August Reichensperger am 16. März 1859 hervor, dass „nun aber, Gottlob, die Verfassung aufgehört hat, einen provisorischen Charakter an sich zu tragen", und dass es deshalb „an der Zeit sei, ernstlich daran zu denken, ein definitives Parlamentshaus herzurich-

ten". Das Parlamentsgebäude sei entstanden, erklärte am 23. November 1866 der liberale Abgeordnete Otto Michaelis, „als die Königliche Staats-Regierung vielleicht die Verfassung für ein Provisorium hielt. Ich denke, der Herr Minister des Innern wird sich überzeugt haben, daß die Verfassung ein Definitivum ist, und daß Preußen ohne parlamentarische Institutionen nicht mehr bestehen kann, daß es also wohl an der Zeit ist, zu dieser Einrichtung auch ein definitives Gebäude zu schaffen."

Michaelis formulierte diese Vermutung und diese Forderung im Rahmen einer der beiden Generaldebatten, die im November und Dezember 1866 im *Abgeordnetenhaus* über die Errichtung eines Neubaus stattfanden. Der mit „großer Majorität" bereits im Juli 1862 – als die liberalen Parteien mehr als 70 Prozent der Sitze im Parlament innehatten – gefasste Beschluss, die Regierung aufzufordern, dem *Abgeordnetenhaus* so schnell wie möglich Vorschläge für einen Neubau zu unterbreiten, war in den dazwischen liegenden Jahren nicht mehr zur Sprache gekommen. Dies verwundert keineswegs, wenn man bedenkt, dass die

Volksvertretung und die Regierung im Rahmen des sogenannten Verfassungskonflikts vier Jahre eher gegen- als miteinander agierten.

Auf diesen Zusammenhang nahm der Geheime Regierungsrat von Wolff als Vertreter der Regierung Bezug, als er am 23. November 1866 im *Abgeordnetenhaus* erklärte, die Regierung sei gleichwohl in den vergangenen Jahren nicht untätig gewesen. Vielmehr habe sie „gerade in der Zeit, als das Verhältnis der Königlichen Staats-Regierung zu diesem Hause zu ihrem lebhaften Bedauern getrübt war, sich am ernsthaftesten und eingehendsten mit Ihrem künftigen Wohlergehen beschäftigt". Er verband diese Erklärung, die im Hause Heiterkeit hervor-

rief, mit dem Vorschlag der Regierung, den Neubau auf dem Grundstück der *Königlichen Porzellanmanufaktur* in der Leipziger Straße 4, zwischen den Gebäuden des Herrenhauses und des Kriegsministeriums zu errichten.

Dass die Regierung jetzt bereit war, dem Parlament entgegenzukommen, beruhte auf der Tatsache, dass der Verfassungskonflikt zwei Monate zuvor offiziell beendet worden war. Die Regierung unter Ministerpräsident Otto von Bismarck hatte das *Abgeordnetenhaus* um Indemnität ersucht, das heißt um die nachträgliche Genehmigung der Ausgaben, die in den vergangenen vier Jahren ohne die verfassungsmäßige Zustimmung des Parlaments getätigt

worden waren. Die Zustimmung des Parlaments zu dieser Vorlage – unter Einschluss der Mehrheit der Liberalen, die jetzt allerdings nur noch rund 50 Prozent der Sitze innehatten – war nicht nur die Sanktion der Niederlage gegenüber der Regierung, sondern zugleich das Signal, sich in Zukunft mit der Regierung verständigen zu wollen.

Gleichwohl ging das Entgegenkommen der Regierung in der Angelegenheit des Neubaus dem Parlament nicht weit genug. Der liberale Abgeordnete Viktor von Unruh erhob mit der rhetorischen Frage an die Abgeordneten, ob sie schon gehört hätten, „daß ein Königliches Schloß, eine Kirche, ein Museum, ein Schauspielhaus oder dergleichen auf den Hof hingebaut" worden sei, Protest gegen den Vorschlag der Regierung, für den Neubau des Abgeordnetenhauses lediglich den rückwärtigen Teil des Grundstückes Leipziger Straße 4 zur Verfügung zu stellen, das Vorderhaus aber weiterhin der *Königlichen Porzellanmanufaktur* zu überlassen. „Ein Gebäude, das einen monumentalen Charakter seiner Entstehung

geführt zu werden", dann sei es ein Parlamentsgebäude, „welches die größte nationale Bedeutung entschieden besitzt".

Was er unter einem „monumentalen Gebäude" genau verstehe, glaubte von Unruh nicht weiter erkären zu müssen. Vielmehr konnte er davon ausgehen, dass seine Kollegen – von denen einige seine Forderung im Laufe der Diskus-

in Größe und Grundrissgestaltung den Zwecken dieser Einrichtungen angemessen sein sollte, sondern zugleich in der Gestaltung der Fassade, der Wahl des Materials und vor allem in der Verwendung von bauplastischem Schmuck die Bedeutung der jeweiligen Einrichtung öffentlich sichtbar machen sollte. Dass von Unruh genau dieser Meinung war, erhellt seine Bemerkung,

Sitzungssaal des Staatsministeriums im Verbindungsbau zwischen Abgeordnetenhaus und Herrenhaus, der Entwurf stammt von Alfred Messel

und seinen Zwecken nach hat", so die Forderung von Unruhs, „muß vor Jedermanns Augen öffentlich hingestellt werden." Und wenn „überhaupt ein Gebäude Anspruch darauf hat, ein monumentales zu sein, in einem monumentalen Charakter aus-

sion wiederholten – wussten, was gemeint war. Der Begriff hatte in der zweiten Hälfte des 19. Jahrhunderts eine außerordentliche Konjunktur. Als Kern aller Definitionen kann man den Gedanken festhalten, dass ein Gebäude für öffentliche Einrichtungen nicht nur

dass bei „wirklich monumentalen Gebäuden die Architekten, die Bildhauer und Maler Beschäftigung und Gelegenheit finden, ihr Talent zu zeigen".

In der anschließenden Diskussion erkärte sich Innenminister Friedrich zu Eulenburg

zwar bereit, auch das Vordergebäude an der Leipziger Straße zur Verfügung zu stellen. Seine Behauptung, die Regierung sei gar nicht gegen ein monumentales Gebäude und „durch eine hübsche Ausstattung der Front und eine Verbindung mit der Front des Herrenhauses" könne ein

solches Gebäude einen „hübschen monumentalen Anstrich" gewinnen, konnte aber weder durch die Wortwahl, noch in der Sache selbst die Mehrheit des Parlaments zufrieden stellen. Die Kommission, die am Ende der Debatte eingesetzt wurde, um nähere Vorschläge auszuarbeiten, legte am 12. Dezember dem Plenum den Antrag vor, „die Königliche Staats-Regierung aufzufordern, dem Hause alsbald den Plan zur Erbauung eines monumentalen Parlamentsgebäudes auf einem anderen geeigneten Platze zur Beschlußfassung vorzulegen". Der Antrag wurde mit Mehrheit angenommen. Gegen ein monumentales Gebäude vo-

tierten die Konservativen. Ihr Redner, der Abgeordnete Moritz von Blanckenburg, lag damit ganz auf der Linie der Regierung, die zwar bereit war, die unerträglichen Arbeitsbedingungen zu verbessern, dem Parlament aber kein Gebäude errichten wollte, dass als Symbol der parlamentarischen Mitbestimmungsrechte verstanden werden konnte. Der Beschluss vom Dezember 1866 blieb deshalb ebenso folgenlos wie der vom Juli 1862. Zwar hatte die Kommission eine ganze Reihe von Alternativstandorten vorgeschlagen; die Prüfung dieser Standorte wurde von der Regierung aber derart dilatorisch behandelt, dass die politische Entwicklung schließlich über alle Anträge und Verzögerungen hinwegging.

Mit der Reichsgründung verlagerten sich die politischen Schwerpunkte gerade der liberalen Verfechter eines monumentalen Neubaus erheblich vom *Abgeordnetenhaus* weg und zum *Reichstag* hin. Hier wiederholte sich, fünf Jahre später, die gleiche Diskussion mit zum Teil den gleichen Protagonisten. Anders als in Preußen war die Reichsregierung, an deren Spitze ebenfalls Otto von Bismarck stand, hier bereit, den Liberalen entgegenzukommen, da sie auf deren Mitarbeit beim Ausbau der Reichseinheit angewiesen war. Dass zunächst genau auf dem Gelände, das zu bebauen das Abgeordnetenhaus abgelehnt hatte, ein Gebäude für den Reichstag errichtet wurde, war daher auch keineswegs ein Zeichen für die Bereitschaft der Liberalen, auf Reichsebene ihre Ansprüche zurückzunehmen. Dieses Gebäude sollte vielmehr ein bloßes Provisorium sein, bei dem es auf den monumentalen Charakter nicht ankam, an dem für das endgültige Reichstagsgebäude natürlich festgehalten wurde.

Erst als die Verwirklichung dieses endgültigen Gebäudes

1882 in greifbare Nähe rückte und als sichtbar wurde, dass es die Anforderungen, die an ein monumentales Gebäude gestellt wurden, fast übererfüllen würde, kam das *Abgeordnetenhaus* auf seine Baupläne zurück. Wenn es möglich war, ein solches Gebäude für den *Reichstag* zu errichten, wollten auch die preußischen Abgeordneten mit ihren erheblich älteren Ansprüchen nicht länger zurückstehen. Selbst die inzwischen wieder konservative Mehrheit des Hauses wollte auf einen Neubau nicht mehr verzichten. Zum einen waren die Arbeitsbedingungen in dem im rapiden Verfall begriffenen Gebäude immer schlechter geworden; zum anderen hatten die Konservativen inzwischen begriffen, dass Verfassung und Parlament durchaus im eigenen Interesse eingesetzt werden konnten. Dass von einem monumentalen Gebäude inzwischen nicht mehr explizit die Rede war, hing auch weniger damit zusammen, dass die Konservativen ein solches Gebäude weiterhin ablehnten, sondern mehr mit der Tatsache, dass der monumentale Charakter eines Parlamentsgebäudes selbst von der Regierung nicht mehr ernsthaft in Frage gestellt wurde.

Meinungsverschiedenheiten gab es allerdings weiterhin in der Frage des Bauplatzes. Zwar machte die Regierung eine Reihe von Vorschlägen, die alle die Bedingungen eines freistehenden Gebäudes erfüllten, traf damit aber auf keine Gegenliebe beim Parlament, das auf den Garten des provisorischen Reichstagsgebäudes und des Herrenhauses als Bauplatz bestand. Es handelte sich dabei wohlgemerkt nicht um den Platz, der 1866 abgelehnt worden war. Der in Aussicht genommene Bauplatz hatte vielmehr den Vorteil, dass das Haus durch die Zusammenlegung der Grundstücke groß genug gebaut werden konnte. Da beide Nachbargrundstücke nicht bebaut waren, war das künftige Abgeordnetenhaus von beiden Seiten und zudem durch die neuangelegte Prinz-Albrecht-Straße auch an der Hauptfassade gut zu sehen. Der Bauplatz erfüllte, mit einem Wort, fast alle Forderungen, die bei der Errichtung eines monumentalen Gebäudes berücksichtigt werden mussten. Überdies bot dieser Bauplatz ausreichend Fläche, um die Forderung nach baulicher Einheit von *Abgeordnetenhaus* und *Herrenhaus* zu erfüllen. Die Weigerung des *Herrenhauses*, das seinen Garten erhalten wissen wollte und an einer baulichen Einheit mit dem *Abgeordnetenhaus* gar nicht interessiert war, führte jedoch zu weiteren Verzögerungen. Die Regierung, die nach wie vor lehnt worden war und auf dem vorläufig noch das provisorische Reichstagsgebäude stand. Das Ergebnis aber gerade dieses Wettbewerbs führte schließlich zum Neubau auf dem vom *Abgeordnetenhaus* ge- Unruhs. Das Gebäude war nicht von allen vier Seiten zu sehen und insbesondere die Ost- und die Westfassade entsprachen nicht den Forderungen, die man an ein monumentales Gebäude zu stellen

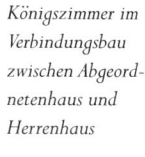

Königszimmer im Verbindungsbau zwischen Abgeordnetenhaus und Herrenhaus

dem *Abgeordnetenhaus* einen angemessen großen Bauplatz verweigern wollte, ging schließlich 1888 sogar so weit, einen internen Wettbewerb zu veranstalten, an dem die drei Architekten und Baubeamten von Tiedemann, Hinkeldeyn und Schulze teilnahmen, um Pläne für die Bebauung genau des Geländes zu bekommen, das bereits 1866 vom *Abgeordnetenhaus* abge-

wünschten Bauplatz, da die *Akademie für Bauwesen* nach Prüfung der Wettbewerbsbeiträge erklärte, das Gelände eigne sich noch nicht einmal für ein zweckmäßiges und schon gar nicht für ein monumentales Gebäude.
Der Neubau, den die Abgeordneten am 16. Januar 1899 beziehen konnten, entsprach vermutlich dennoch nicht ganz den Vorstellungen von

gewohnt war. Aus Gründen der Sparsamkeit hatte man nämlich auf eine Verkleidung dieser Fassaden mit Sandstein verzichtet, die auf die Hauptfassade zur Prinz-Albrecht-Straße beschränkt blieb. Natursteine, die wesentlich teurer waren als verputzte Backsteinwände, wurden wegen ihres hohen materiellen Wertes üblicherweise benutzt, um den hohen Rang

eines Gebäudes und der Institution, die darin untergebracht war, zu signalisieren. Entscheidend für den monumentalen Charakter des Gebäudes war jedoch der plastische Schmuck der Fassade, der von dem Bildhauer Otto Lessing ausgeführt wurde. Die Wahl Lessings war nichts weniger als originell. Er war in den letzten beiden Jahrzehnten des 19. Jahrhunderts der führende Bauplastiker und es gab in dieser Zeit wohl kaum ein öffentliches Gebäude, bei dessen Ausschmückung mit Bauplastik er nicht beteiligt gewesen wäre. Er war, um nur einige zu nennen, für das Reichstagsgebäude und das Reichsgericht in Leipzig, für den Dom am Lustgarten und den Neuen Marstall, aber auch für den Luxusbau der Lebensversicherungsgesellschaft „Germania" in der

Friedrichstraße und die Pschorr-Brauerei am Potsdamer Platz tätig.

An der Hauptfassade des Neubaus des Abgeordnetenhauses konzentrierte sich der plastische Schmuck auf den hervortretenden Mittelteil. Auf den oberen Wandflächen der beiden Eckbauten, die diesen Mittelteil begrenzten, fand sich links das preußische Königswappen und rechts das Wappen der Kaiserin und Königin Viktoria Luise. Als Ergänzung und gewissermaßen als Steigerung dieser „beiden besonders betonten Darstellungen ragt", wie es in einer zeitgenössischen Beschreibung des Baus heißt, „über der Attika des Gebäudes das preußische Staatswappen auf, gestützt von männlichen Wappenhaltern und von der Königskrone beschattet".

Der Widerspruch dieser monarchischen Symbolik zu der Tatsache, dass es sich hier nicht um einen königlichen Palast, sondern um das Gebäude der Volksvertretung handelte, konnte einem aufmerksamen Beobachter um so weniger entgehen, als die übrigen Skulpturen der Fassade kaum geeignet waren, dieses Missverhältnis auszugleichen. So wurde das große Staatswappen von zwei Skulpturen flankiert, die die beiden Eckbauten bekrönten und durch ihre Attribute als Allegorien von Recht und Gesetz ausgewiesen waren. Dass die Tätigkeit des Parlaments sich im Rahmen von Recht und Gesetz vollzieht, ist ebenso selbstverständlich wie die Tatsache, dass eben dem Parlament die Gesetzgebung obliegt. Im Übrigen fanden sich allegorische Darstellungen dieser Art fast auf jedem größeren Justizgebäude und Lessing selbst hatte kurz zuvor eine mehr als fünf Meter hohe Justitia für das Reichsgericht geliefert.

Nicht minder unspezifisch waren die vier Figuren, die paarweise zwischen der Allegorie des Rechts und dem Staatswappen einerseits, diesem Wappen und der Allegorie des Gesetzes andererseits auf der

Balustrade über dem Haupt-
gesims standen. Es handelte
sich dabei um Verkörperungen
von Landwirtschaft und Industrie und von Wissenschaft
und Kunst. Damit waren einerseits die Gewerbe und Tä-
tigkeiten dargestellt, aus denen sich der weit überwiegende Teil der Volksvertreter
rekrutierte, andererseits die
Lebensbereiche skizziert, auf
die sich die legislatorische Arbeit des Parlaments vor allem

von Ackerbau und Viehzucht
geliefert; sie dienten an dieser
Stelle jedoch dem Hinweis auf
das Restaurant in dem betreffenden Teil des Gebäudes.
Das Übergewicht der monarchischen Symbolik der Fassade
wiederholte sich in den
Schlusssteinen der Bogen des
dreiteiligen Portals, die von
Ernst Wenck gestaltet wurden. Während links und rechts
noch einmal Landwirtschaft
und Industrie als zwei Haupt-

heißt, Landwirtschaft und Industrie „am wenigsten entra-
then können", war jedoch als
monarchischer Vorbehaltsbe-
reich dem Einfluss des Parlaments entzogen.
In der Haupttreppenhalle, die
neben dem Festsaal das repräsentative Zentrum des Hauses
bildete, wurde der Besucher
von vier allegorischen Figuren
des Bildhauers Constantin
Starck empfangen. Sie standen
paarweise auf den Wangen der

Seite 84:
Die Hauptfassade
des Abgeordneten-
hauses

Seite 85:
Das Mittelteil
der Hauptfassade
mit Staatswappen
und plastischem
Schmuck

erstreckte. Trotz dieses indirekten Bezugs zu der Tätigkeit
im Haus war auch hier kaum
eine spezifische parlamentarische Symbolik entfaltet. Zwar
hatte Lessing für den Südwest-
turm des Reichstagsgebäudes
ebenfalls allegorische Figuren

bereiche der Gesetzgebung
dargestellt waren, stand in der
Mitte und damit übergeord-
net die „Wehrkraft des Landes". Gerade der militärische
Bereich, dessen „starken
Schutzes", wie es in dem bereits zitierten Kommentar

Treppen, die an den Schmalseiten der Halle nach oben
führten, und verkörperten
„die vier wichtigsten Eigen-
schaften, welche ein Volksvertreter in sich vereinigen soll".
An der Osttreppe standen
„Weisheit" und „Beredsam-

keit", an der Westtreppe „Vaterlandsliebe" und „Gerechtigkeit". Die weibliche Figur der
Weisheit stand vor einem
Lesepult mit Eulenreliefs, auf
dem ein aufgeschlagenes Buch
lag. In der rechten Hand hielt

sie eine brennende Fackel, mit
der linken Hand nahm sie den
Schleier von ihrem Gesicht,
beides Symbole der Wahrheit.
Die männliche Figur der Be-
redsamkeit stand an einem Lesepult und unterstrich mit der

Geste des erhobenen rechten
Arms die Wirkung ihrer Rede.
Im gegenüberliegenden Trep-
penhaus stützte die weibliche
Figur der Gerechtigkeit „mit
der Rechten ein Schwert auf
ein Postament. Die andere

Hand", heißt es in dieser zeitgenössischen Beschreibung weiter, die als einzige Quelle in Frage kommt, da auf keiner Abbildung diese Details zu erkennen sind, „ist beschwörend zur Erde hinabgewendet, eine vom Boden sich erhebende züngelnde Schlange bannend,

narsaal ging, kam zunächst in die Wandelhalle. Sie war der einzige Ort im ganzen Gebäude, in dem der Raumschmuck direkten Bezug zur parlamentarischen Tätigkeit aufwies. In den halbkreisförmigen Feldern über den Zugängen an den Schmalseiten der Halle

riation wiederholt. In der Mitte befand sich wiederum der „Wehrstand", der links und rechts vom „Nährstand" und vom „Lehrstand" flankiert wurde.

Die Wände des Plenarsaals schmückten oberhalb der Eichenholzvertäfelung zwölf

das Sinnbild der Falschheit und Ungerechtigkeit". Die männliche Figur der Vaterlandsliebe" war mit einer Rüstung bekleidet. Als Zeichen der Friedensbereitschaft hielt sie in der rechten Hand ein zu Boden gesenktes Schwert und in der linken Hand einen Speer oder eine Fahnenstange. Wer zwischen einem der beiden Paare hindurch zum Ple-

fanden sich Wandgemälde von Hans Koberstein, die – antikisch verfremdet – auf der einen Seite die Diskussion im Parlament und auf der anderen Seite die Diskussion in Fraktion und Partei zeigten. Über den drei Türen, die von hier in den Plenarsaal führten, wurde, in Reliefs von Otto Lessing, die Symbolik des Hauptportals mit leichter Va-

Wandbilder, die aus Geldmangel jedoch erst kurz nach der Jahrhundertwende ausgeführt wurden. Es handelte sich um Ansichten preußischer Städte. An der Ostseite waren die Ostseestädte Kiel, Danzig und Stettin mit ihrem Hafen zu sehen, an der Südseite zwei Städte in den Ostprovinzen – Posen und Breslau – und Hannover mit ihren Rathäusern

und an der Westseite drei Städte in den westlichen Provinzen – Köln, Frankfurt am Main und Münster – mit ihren Hauptkirchen. An der Nordseite, über Präsidium und Regierungsbank und deshalb im Blick der Abgeordneten, befanden sich Ansichten von Magdeburg, Berlin und Königsberg, Städte in den alten Kernprovinzen. Während Magdeburg mit dem Dom dargestellt wurde und so eine Verbindung mit den daneben liegenden drei Dombildern herstellte, waren die Krönungsstadt Königsberg und die Haupt- und Residenzstadt Berlin mit ihren Schlössern vertreten. Das Berlin-Bild im Zentrum des ganzen Zyklus

gab den Blick über das Denkmal des Großen Kurfürsten auf der Langen Brücke auf die Ostfassade des Schlosses und von dort auf den Dom am

Lustgarten wieder. Damit entstand so etwas wie die Visualisierung der Einheit von Thron und Altar, in deren Anblick und, so wird man die Absicht

der Planer interpretieren dürfen, in deren Bann die Volksvertreter ihre Reden halten und ihre Beschlüsse fassen sollten.

Zwischen Berlin und Magdeburg einerseits, Berlin und Königsberg andererseits befanden sich Nischen, in denen zwei Skulpturen des Bildhauers Adolf Brütt standen. Erneut handelte es sich um Verkörperungen von Recht und Gesetz. Die Allegorie des „Gesetzes" war mittels einer antikisch gewandeten Frauengestalt dargestellt, die in der linken Hand eine Gesetzesrolle mit Siegeln, in der rechten Hand ein Fascienbündel hielt, in der römischen Antike das Attribut der Exekutivgewalt

der Liktoren. Das „Recht" wurde ebenfalls durch eine Frauengestalt verkörpert, die das Richtschwert in der Hand hielt.

Die Bauplastik des Gebäudes dürfte kaum den Erwartungen derjenigen Parlamentarier entsprochen haben, die sich mit so großem Nachdruck für ein monumentales Gebäude eingesetzt hatten. Selbst wenn man die Fülle des übrigen Schmucks in Rechnung stellt – Ornamente, Skulpturen und Malereien von allerdings untergeordneter Bedeutung –, bleibt das eindeutige Übergewicht monarchischer Symbolik. Die fast inflationäre Häufung unspezifischer Allegorien – Recht und Gesetz,

Landwirtschaft und Industrie, um nur die häufigsten zu nennen – bot kein Gegengewicht zu den Kronen, die großzügig überall im Haus verteilt waren.

Dass diese Symbolik auch nach dem Ende des Kaiserreichs unangetastet blieb, verwundert um so mehr, als die preußische Regierung nach 1918 die monarchische Symbolik an ihren Regierungsgebäuden entfernen ließ. Der größte Teil der Bauplastik wurde erst 1936 beim Umbau des Gebäudes des Abgeordnetenhauses zum „Haus der Flieger" entfernt. Der Rest, vor allem die beiden Wappen an den Ecktürmen des Mittelteils, wurden bei der Instandsetzung nach 1949 abgenommen.

Links:
Allegorie des
Rechts

Rechts:
Allegorie des
Gesetzes

Das Bollwerk der Demokratie

Das Parlament der preußischen Republik 1918 - 1933

Am 12. November 1918 übernahmen Politiker der beiden sozialdemokratischen Parteien *SPD* und *USPD* die provisorische Regierungsgewalt in Preußen. Bereits drei Tage zuvor hatte der letzte kaiserliche Reichskanzler, Prinz Max von Baden, sein Amt an den SPD-Vorsitzenden Friedrich Ebert übergeben. *SPD* und *USPD* einigten sich darauf, gemeinsam mit jeweils drei Mitgliedern eine vorläufige revolutionäre Reichsregierung zu bilden. Sie wurde als *Rat der Volksbeauftragten* bezeichnet und in der Versammlung der Berliner Arbeiter- und Soldatenräte, die am späten Nachmittag des 10. November im Zirkus Busch stattfand, im Amt bestätigt. Die Berliner Versammlung wählte zudem einen *Vollzugsrat*, der die provisorische Regierung kontrollieren sollte und der seinerseits Politiker der beiden sozialdemokratischen Parteien beauftragte, in Preußen die Regierungsgewalt auf paritätischer Grundlage zu übernehmen.

Am 15. November löste diese preußische Revolutionsregierung das *Abgeordnetenhaus* auf und schaffte das *Herrenhaus* ab. Dieser Vorgang entsprach dem zwei Tage zuvor veröffentlichten Aufruf „An das preußische Volk", in dem es als „Aufgabe der neuen preußischen Landesregierung" bezeichnet wurde, „Preußen so rasch wie möglich in einen völlig demokratischen Bestandteil der einheitlichen Volksrepublik zu verwandeln". Im gleichen Aufruf wurde unmissverständlich klargestellt, dass „über die zukünftigen Staatseinrichtungen Preußens … eine verfassunggebende Versammlung entscheiden" werde und dass die Wahl zu dieser Versammlung „auf der Grundlage des gleichen Wahlrechts für alle Männer und Frauen"erfolgen solle. Die Verwirklichung dieses Programms war jedoch in nicht geringem Maße von Entscheidungen auf Reichsebene abhängig. Zwar waren sich die im Reich regierenden Koalitionspartner weitgehend einig darüber, dass eine verfassunggebende *Nationalversammlung* über die zukünftige Staatsform entscheiden müsse. Über den Zeitpunkt der Wahl dieser Versammlung gab es allerdings Meinungsverschiedenheiten. Während die *SPD* möglichst schnell die revolutionäre Übergangsphase beenden und den Übergang zu einer parlamentarischen Regierungsform bewerkstelligen wollte, verfolgte die *USPD* den Plan, die Wahl der *Natio-*

nalversammlung hinauszuschieben. In der Zwischenzeit sollten mit den Vollmachten der revolutionären Übergangsregierung irreversible Strukturveränderungen in Staat und Gesellschaft wie die Demokratisierung der Verwaltung und die Sozialisierung von Schlüsselindustrien in Gang gesetzt werden. Nur eine kleine Minderheit in der *USPD*, die *Spartakusgruppe*, trat für die Errichtung einer Räterepublik nach sowjetischem Vorbild ein.

Entscheidend für die weitere Entwicklung in Preußen war ferner die Antwort auf die Frage, ob Deutschland in der Zukunft ein Bundesstaat bleiben oder ein Einheitsstaat unter Aufhebung der Eigenstaatlichkeit der Länder werden würde. Anlass zu dieser Frage bot insbesondere Preußen, das während des Kaiserreichs schon durch die Tatsache, dass es ca. drei Fünftel der Gesamtfläche des Deutschen Reiches einnahm, die anderen Bundesstaaten in die zweite Reihe gedrängt hatte. Überdies war die preußische Dominanz im Reich durch eine ganze Reihe institutioneller Regelungen und personeller Verflechtungen abgesichert gewesen. Im *Bundesrat*, der damaligen Vertretung der Einzelstaaten, hatte Preußen über eine Sperrminorität verfügt. Der preußische König hatte zugleich das Amt des Deutschen Kaisers und der Reichskanzler diejenigen des preußischen Ministerpräsidenten und des preußischen Außenministers bekleidet; weitere

ve Politik war durch das Dreiklassenwahlrecht zum *Abgeordnetenhaus* und die Existenz des *Herrenhauses* abgesichert gewesen. Dass deshalb nicht nur die außerpreußischen und häufig politisch fortschrittlichen Einzelstaaten, sondern auch die Sozialdemokraten,

wieder gewichtige Stimmen aus den Reihen der Sozialdemokraten, aber auch der Liberalen, die für die Auflösung Preußens votierten. Mit Nachdruck wurde diesen Vorschlägen aber immer wieder entgegengehalten, dass das neue Preußen, das man

Die Treppenhalle im Gebäude des Abgeordneten-hauses in den Revolutionstagen im Dezember 1918

Personalunionen hatten auf der Ebene der Minister und Staatssekretäre bestanden. Dieses preußische Übergewicht hatte um so schwerer gewogen, als in Preußen stets konservativ regiert worden war und die konservative Ausrichtung der preußischen Politik nicht ohne Auswirkungen auf die Reichspolitik geblieben war. Diese konservati-

die jahrzehntelang gegen das Dreiklassenwahlrecht gekämpft hatten und für die Preußen geradezu das Symbol des untergegangenen Obrigkeitsstaates war, am Bestand dieses Staates nicht besonders interessiert waren, versteht sich von selbst. Es gab deshalb im Verlauf der ersten Wochen und Monate nach dem 9. November 1918 immer

jetzt zu gründen im Begriff stehe, nicht mehr der alte Obrigkeitsstaat, sondern ein demokratisches Preußen sein werde.
Die Tatsache, dass es schließlich beim föderativen Aufbau des Gesamtstaats blieb, verdankte sich allerdings weniger langfristigen strukturellen Überlegungen als aktuellen politischen Umständen. Die

provisorischen Regierungen
einiger süd- und mitteldeut-
scher Länder hatten bereits im
November beschlossen, Wahlen für verfassunggebende
Landesversammlungen anzu-
beraumen. Da einige dieser
Wahlen bereits im Dezember
stattfanden, waren Fakten ge-
schaffen, die von einer *Nationalversammlung* nicht ignoriert
werden konnten. Die Verwirklichung des Alternativvor-
schlags, alle nicht-preußischen
Länder bestehen zu lassen,
Preußen aber durch die Ver-

Rheinland deutlich erklärt,
eine „Westdeutsche Republik
im Verbande des Deutschen
Reiches und auf dem Boden
der von der deutschen Natio-

gung dieses neuen staatlichen
Gebildes jedoch in greifbare
Nähe rücken.
Schauplatz der für die weitere
Entwicklung wichtigsten Ent-

Oben:
*Kundgebung des
Spartakusbundes
vor dem Abgeord-
netenhaus wäh-
rend der Eröff-
nungssitzung des
Rätekongresses am
16. Dezember 1918*

Unten:
*Der Erste Allge-
meine Kongress
der Arbeiter- und
Soldatenräte
Deutschlands im
Plenarsaal des
Abgeordneten-
hauses, 16. bis 21.
Dezember 1918*

selbständigung seiner Provinzen aufzuteilen, hätte vermutlich die Abspaltung einzelner
Gebiete vom Gesamtstaat
nach sich gezogen. Zwar hatte
die außerordentlich aktive
separatistische Bewegung im

nalversammlung zu schaffen-
den Reichsverfassung" errichten zu wollen. Die Unter-
stützung des rheinischen
Separatismus durch die französische Regierung ließ die
Gefahr einer Verselbständi-

scheidung war der Plenarsaal
des Abgeordnetenhauses. Hier
fand vom 16. bis zum 21. Dezember 1918 der *Erste Allgemeine Kongress der Arbeiter- und
Soldatenräte Deutschlands* statt,
dessen Wahl auf einen Be-

Gründungspartei-
tag der KPD im
Festsaal des Abge-
ordnetenhauses,
30. Dezember 1918
bis 1. Januar 1919

schluss des *Vollzugsrats* zurück-
ging. Der *Rätekongress* beschloss am 19. Dezember mit
großer Mehrheit, die Wahlen
zur verfassunggebenden *Natio-*
nalversammlung am 19. Januar
1919 durchzuführen. Er wählte überdies aus seiner Mitte
einen *Zentralrat*, der an Stelle
des *Vollzugsrats* mit der vorläufigen parlamentarischen Kontrolle der provisorischen Regierungen im Reich und in
Preußen beauftragt wurde.
Da dieser *Zentralrat* nicht mit
den umfassenden Kompeten-
zen ausgestattet wurde, die
ihm die USPD-Mitglieder des
Rätekongresses zu geben
wünschten, und da der *Räte-*
kongress bereits mit der Entscheidung für einen frühen
Wahltermin die Politik der
SPD unterstützt hatte, boykot-

tierte die USPD-Fraktion die
Wahlen zum *Zentralrat*. Damit
war der erste Schritt zur Auf-
kündigung der Koalition vom
9./10. November gemacht,
dem eine Woche später, mit
dem Austritt der USPD-Mitglieder aus dem *Rat der Volksbe-*
auftragten am 28. Dezember,
der zweite und letzte Schritt
folgte. Am 3. Januar zog die
USPD auch ihre Volksbeauftragten aus der provisorischen
preußischen Regierung zu-
rück.
In den dazwischenliegenden
Tagen war das Gebäude des
Abgeordnetenhauses Schau-
platz einer weniger auffälli-
gen, aber nicht minder folgen-
reichen Entscheidung. Die
Spartakusgruppe in der *USPD*,
deren Antrag, das Rätesystem
als Grundlage der Verfassung

einer sozialistischen Republik
festzulegen, vom *Rätekongress*
mit großer Mehrheit abge-
lehnt worden war, trat vom
30. Dezember 1918 bis zum
1. Januar 1919 im Festsaal des
Hauses zusammen. Dort be-
schloss sie die Trennung von
der *USPD* und die Gründung
einer eigenen Partei, die den
Namen *Kommunistische Partei*
Deutschlands (KPD) erhielt.
Das Protokoll dieser Ver-
sammlung, die später als
Gründungsparteitag bezeichnet wurde, führten übrigens
Parlamentsstenographen.
Nach der Entscheidung des
Rätekongresses, die Wahlen zur
verfassunggebenden *National-*
versammlung am 19. Januar abzuhalten, beschloss die preußische Regierung die Wahlen
zur verfassunggebenden

Landesversammlung für den 26. Januar anzuberaumen. Während die *Nationalversammlung* bereits am 6. Februar zusammentrat, wurde die *Preußische Landesversammlung* erst am 13. März einberufen. Dieser zeitliche Abstand verdankte sich der Bereitschaft der preußischen Politiker, den Vorgaben auf Reichsebene zu folgen und damit die „preußische Frage" in gewisser Weise offen

rung besprochen waren und nachdem die Reichsverfassung bereits am 11. August 1919 in Kraft getreten war.

Die Wahlen zur *Landesversammlung* wurden nach dem gleichen, freien, direkten und geheimen Wahlrecht für alle Männer und Frauen, die das 20. Lebensjahr vollendet hatten, abgehalten. Die preußische Regierung hatte sich auch in diesem Fall am Reichs-

Wahlrecht. Beide Versammlungen verabschiedeten zunächst eine vorläufige Verfassung, auf deren Grundlage die Regierungsbildung vorgenommen und die Zeit bis zur Verabschiedung einer endgültigen Verfassung überbrückt werden konnte. In beiden Fällen fungierte die verfassunggebende Versammlung zugleich als Parlament, und in beiden Fällen wurde die Re-

Seite 96: Konstituierende Sitzung der verfassunggebenden Preußischen Landesversammlung im Plenarsaal des Abgeordnetenhauses, 13. März 1919

Seite 97: Sitzung des Preußischen Staatsrats im ehemaligen Gebäude des Herrenhauses, 1931

zu halten. Der Verfassungsentwurf für Preußen wurde deshalb der *Landesversammlung* erst am 20. Februar des folgenden Jahres vorgelegt, nachdem seine wichtigsten Bestimmungen mit der Reichsregie-

vorbild orientiert. Während jedoch auf Reichsebene die Einführung des Frauenwahlrechts die entscheidende Neuerung war, hatte Preußen jetzt zum ersten Mal seit 1849 wieder ein demokratisches

gierung auf der Grundlage einer Koalition von *SPD, Zentrum* und linksliberaler *Deutscher Demokratischer Partei (DDP)* gebildet. Dieses später als „Weimarer Koalition" bezeichnete Regierungsbündnis verfügte jeweils über die Mehrheit der Mandate und konnte in beiden Parlamenten mehr als 70 Prozent der Stimmen auf sich vereinigen.

Im Verlauf der preußischen Verfassungsberatungen wurden vor allem zwei Probleme kontrovers diskutiert, deren endgültige Lösung weitreichende Konsequenzen für den Parlamentarismus der preußischen Republik hatte. Bereits im Rahmen der Ausarbeitung des Verfassungsentwurfs war zum einen die Institution eines Staatspräsidenten und zum anderen die Schaffung einer zweiten Kammer neben dem Parlament erwogen worden.

Im Vordergrund der Diskussion über das Amt eines Staatspräsidenten stand die verfassungspraktische Frage, wem das vormals monarchische Recht auf Einberufung und Auflösung des *Landtags* ebenso wie auf Ernennung des Ministerpräsidenten und der Minister zustehen solle. Der Nachdruck, mit dem dieses Thema diskutiert wurde und die Tatsache, dass dieses Amt zwar im Verfassungsentwurf nicht mehr enthalten war, von den rechts stehenden Parteien in den Beratungen aber erneut zum Gegenstand der Erörterungen gemacht wurde, zeigt,

dass es dabei nicht in erster Linie um verfassungspraktische Fragen ging. Im Hintergrund stand vielmehr die Angst vor dem sogenannten „Parlamentsabsolutismus" und der damit verbundene

Wunsch, neben dem Parlament eine vom Volk direkt gewählte Kontrollinstanz zu errichten. Die *Landesversammlung* sprach sich mehrheitlich gegen die Einrichtung des Amtes eines Staatspräsidenten aus und gab dem *Landtag* nicht nur das Recht auf Selbstauflösung, sondern auch das Recht, den Ministerpräsidenten zu wählen. Dieser ernannte die Minister, die wiederum vom *Landtag* bestätigt werden mussten.

Im Verlauf der Diskussion über das Amt eines Staatspräsidenten war von einigen

SPD-Abgeordneten auf die Gefahr aufmerksam gemacht worden, die von einem solchen Amt für den Parlamentarismus ausgehe. Die Berechtigung dieser Warnung wird deutlich, wenn man einen

Blick auf die Möglichkeiten wirft, die der Reichspräsident hatte, an dessen Stellung sich die Vorschläge für das Amt eines preußischen Staatspräsidenten orientierten. Der Reichspräsident konnte Reichskanzler und Reichsminister unabhängig von den Mehrheitsverhältnissen im *Reichstag* berufen; wenn diese Regierung keine Mehrheit im Parlament fand, konnte er den *Reichstag* auflösen. Dazu verfügte der Reichspräsident über die Möglichkeit, auf der Basis von Notverordnungen die Politik der jeweiligen Regierung vom Parlament unabhängig zu machen. Diese Rechte trugen in den letzten Jahren der Republik erheblich dazu bei, das parlamentarische System zu unterminieren und schließlich aus den Angeln zu heben.

Auf die Einschränkung des gefürchteten „Parlamentsabsolutismus" zielten auch die Vor-

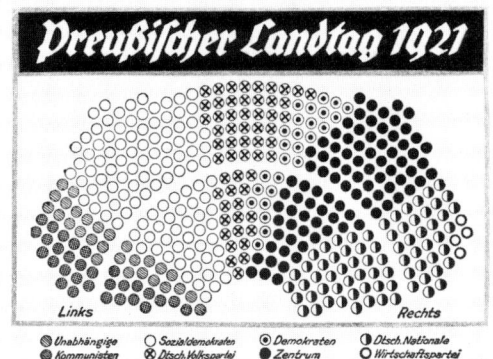

Sitzverteilung der Parteien im Preußischen Landtag 1921

Mitglieder des Kabinetts der Großen Koalition (1921-1925). V.l.n.r.: Kultusminister Boelitz (DVP), Finanzminister von Richter (DVP), Handelsminister Siering (SPD), Ministerpräsident Braun (SPD), Innenminister Severing (SPD), Landwirtschaftsminister Wendorff (DDP). Es fehlen Justizminister am Zehnhoff und Wohlfahrtsminister Hiertsiefer (beide Zentrum)

schläge zur Errichtung einer zweiten Kammer. Hier wurde mit der Bildung des *Preußischen Staatsrats* ein Kompromiss erzielt. Der *Staatsrat* war eine Vertretungskörperschaft der Provinzen; seine Mitglieder wurden von den Landta-

gen der preußischen Provinzen aus ihren Reihen gewählt. Er hatte ein suspensives Veto gegenüber den Gesetzen, die vom *Landtag* beschlossen wurden und ein absolutes Veto gegen ausgabenwirksame Gesetze, die der *Landtag* beschlos-

sen hatte und die über die Vorschläge der Staatsregierung hinausgingen. Darüber hinaus stand ihm das Recht zu, von der Staatsregierung über die Führung der Staatsgeschäfte und insbesondere bei Gesetzesvorhaben unterrichtet und

Links:
Ernst Heilmann,
Vorsitzender der
SPD-Fraktion im
Preußischen
Landtag

Rechts:
Joseph Heß,
Vorsitzender der
Zentrumsfraktion
im Preußischen
Landtag

eventuell beratend tätig zu werden. Es handelte sich bei diesem *Staatsrat*, der seine Sitzungen im Gebäude des ehemaligen Herrenhauses abhielt, nicht um ein zweites Parlament und schon gar nicht um einen Ersatz für den fehlenden Staatspräsidenten.

Die neue preußische Verfassung wurde am 30. November 1920 von der verfassunggebenden *Landesversammlung* mit großer Mehrheit verabschiedet. Auf ihrer Grundlage wurde am 20. Februar 1921 der erste reguläre *Landtag* gewählt, in dem die Parteien der Weimarer Koalition erneut über eine, wenn auch erheblich geringere Mehrheit als bei den Wahlen zur verfassunggebenden *Landesversammlung* verfügten. Dennoch wurde eine Große Koalition unter Einbeziehung der rechtsliberalen *Deutschen Volkspartei (DVP)* gebildet. Bei der nächsten Wahl

am 7. Dezember 1924 blieben die Parteien der Weimarer Koalition mit einigen Stimmen in der Minderheit. Diesmal entschied man sich für eine Regierung der Weimarer Koalition ohne Einschluss der *DVP*, die vier Jahre im Amt blieb. Beide Regierungsbildungen bezeugen, dass der Parlamentarismus in Preußen besser als im Reich funktionierte.

Anders als der *Reichstag*, der die Regierungsbildung dem Reichspräsidenten überlassen konnte und musste, war der *Preußische Landtag* gezwungen, sein Recht auf die Wahl des Regierungschefs tatsächlich wahrzunehmen. Er konnte dies um so mehr, als die demokratischen Mehrheitsverhältnisse einigermaßen stabil waren. Umgekehrt war die politische Ausrichtung der Oppositionsparteien so heterogen, dass an eine konstruktive Zusammenarbeit zwischen ihnen nicht zu denken war.

Dass die Fraktionen der Regierungsparteien im *Preußischen Landtag* bereit waren, auf der Grundlage von Kompromissen zu einer Verständigung über die Regierungsbildung zu kommen und die Politik dieser Regierungen im Laufe der Legislaturperioden zu

unterstützen, verdankt sich in nicht geringem Maße auch ihrer personellen Zusammensetzung. Dies galt vor allem für die *SPD*, der bis 1932 als stärkster Landtagsfraktion die entscheidende Rolle zukam. Fast die Hälfte der SPD-Abgeordneten im *Preußischen Landtag* waren Partei- und Gewerkschaftsfunktionäre, die es gewohnt waren, von der Parteileitung getroffene Entscheidungen loyal zu befolgen. Die Bedeutung dieses Tatbestands wird durch einen Vergleich mit der Reichstagsfraktion der *SPD* deutlich. Hier waren die Spitzenfunktionäre, die Mitglieder der Parteielite und die Vordenker der Partei vertreten, die eigene, oft voneinander abweichende politische Konzepte vertraten und zwar auch gegenüber Ministern der eigenen Partei.

Die Bereitschaft der Fraktion zur Unterstützung der Regierungspolitik hing auf der anderen Seite auch von der Fähigkeit des Fraktionsvorstandes ab, klare Richtlinien zu formulieren und die Fraktion von diesen Richtlinien zu überzeugen. Die beiden stärksten und wichtigsten Parteien der Weimarer Koalition in Preußen hatten mit Ernst Heilmann (*SPD*) und Joseph Heß (*Zentrum*) Persönlich-

keiten an der Spitze ihrer
Fraktionen, die zur Wahrnehmung dieser Aufgabe in be-
sonderem Maße befähigt
waren. Überdies waren beide
in der Lage, in engem Einver-
nehmen zusammenzuarbei-
ten. Ein Politiker der meist
oppositionellen *DVP* hat das
enge Verhältnis der beiden Politiker, aber auch ihre starke
Stellung gegenüber ihren jeweiligen Fraktionen mit der
überspitzten Klarsicht des politischen Gegners zum Aus-

Die sozialdemokratische Fraktion des preussischen Landtages 1913

*Seite 100, oben:
Ministerpräsident
Otto Braun bei
einer Rede von
seinem Platz in der
Ministerbank des
Preußischen
Landtags, 1925*

*Seite 100, unten:
Die Mitglieder der
SPD-Fraktion im
Preußischen Abge-
ordnetenhaus,
1913, links oben
Otto Braun*

*Seite 101, links:
Der Kölner Ober-
bürgermeister
Konrad Adenauer
als Präsident des
Preußischen
Staatsrats während
einer Sitzung, um
1923*

*Seite 101, rechts:
Der Plenarsaal des
Abgeordnetenhau-
ses nach einer
Sitzung, 1932*

druck gebracht. Danach gehe
„Herr Heß mit Herrn Heil-
mann spazieren" und anschließend sei „die Marschroute der
Fraktion" festgelegt.
Ernst Heilmann wurde 1881
als Sohn bürgerlicher jüdischer Eltern in Berlin geboren. Da er als Sozialdemokrat

im Kaiserreich keine Aussicht
auf Anstellung im Staatsdienst
hatte, schlug er nach seinem
Jurastudium eine journalisti-
sche Karriere bei der sozialdemokratischen Presse ein. Er
gehörte der *Preußischen Landesversammlung* an und war von
1921 bis 1933 Vorsitzender

der SPD-Fraktion im *Preußischen Landtag.* Der katholische
Rheinländer Joseph Heß war
1878 in Köln geboren, hatte
Germanistik studiert und war
ab 1904 zunächst im Schul-
dienst und später in der höheren Verwaltung tätig. Heß saß
bereits seit 1908 für das *Zent-*

rum im *Abgeordnetenhaus*; seit 1919 gehörte er der *Landesversammlung* bzw. dem *Landtag* an. Erst 1930 zum Fraktionsvorsitzenden gewählt, war er bereits seit Anfang der zwanziger Jahre eine einflussreiche Figur im Hintergrund.
Der wichtigste politische Partner der beiden Fraktions-

ten, die nach der Landtagswahl 1913 dem *Abgeordnetenhaus* angehörten und hatte in den ersten provisorischen Regierungen der Nachkriegszeit das Amt des Landwirtschaftsministers inne. Am 27. März 1920 übernahm er als Nachfolger von Paul Hirsch, der seit dem 12. November 1918

Herrenhauses gewesen war, hatte von Anfang an versucht, die Kompetenzen des *Staatsrats* zu erweitern oder doch so extensiv wie nur möglich zu interpretieren. Otto Braun weigerte sich jedoch, das Recht des *Staatsrats* zur Begutachtung von Gesetzesvorhaben als Mitwirkungs- und

vorsitzenden war Otto Braun. Braun war 1872 in Königsberg geboren, hatte den Beruf des Stein- und Buchdruckers erlernt und war nach seinem Eintritt in die *SPD* im Jahre 1888 ab 1893 als Redakteur sozialdemokratischer Zeitungen tätig. Seit 1911 gehörte er dem Vorstand der Partei an. In dieser Eigenschaft war Braun Mitglied der beiden Delegationen gewesen, die am 9. November im Reich und am 12. November in Preußen die Regierungsgewalt übernommen hatten. Braun war zudem einer der zehn Sozialdemokra-

Regierungschef in Preußen gewesen war, das Amt des preußischen Ministerpräsidenten. Mit nur zwei kurzen Unterbrechungen wurde Braun in diesem Amt bis 1933 immer wieder bestätigt.
Weniger ein Partner, öfter wohl ein Konkurrent und gelegentlich sogar ein Gegenspieler Brauns war Konrad Adenauer, der seit 1917 Oberbürgermeister von Köln und seit 1921 Vorsitzender des *Preußischen Staatsrats* war. Adenauer, der seit seinem Amtsantritt als Oberbürgermeister ex officio Mitglied des

Kontrollrecht auszulegen, da er darin eine Einschränkung der Richtlinienkompetenz sah, die ihm als Ministerpräsident zustand. Die heftigen Kontroversen, die 1922 sogar zu einer Klage des *Staatsrats* vor dem *Staatsgerichtshof* führten, wurden Ende 1923 mit einem Vergleich zwischen Regierung und *Staatsrat* abgeschlossen, in dem der Staatsratspräsident seine Mitwirkungsansprüche weitgehend zurücknahm.
In Preußen begann das Ende der parlamentarischen Demokratie mit den Landtagswah-

len am 24. April 1932. Die Parteien der Weimarer Koalition kamen auf 163 Mandate und blieben damit weit unter der zur weiteren Regierungsbildung notwendigen Mandatszahl. Die *NSDAP*, die seit 1928 mit acht Abgeordneten im *Landtag* vertreten war, konnte 162 Sitze gewinnen und damit einen ähnlich sprunghaften Anstieg ihrer Mandate verzeichnen wie zwei Jahre zuvor in der Reichstagswahl vom 14. September 1930. Zwar stellte sie als stärkste Fraktion mit Hanns Kerrl den Landtagspräsidenten; eine Regierungsbildung unter einem NSDAP-Ministerpräsidenten war allerdings ausgeschlossen, da nur die monarchistische *Deutschnationale Volkspartei (DNVP)* als Koalitionspartner in Frage kam, die lediglich über 31 Mandate verfügte. Überdies hatte der *Landtag* noch kurz vor den Wahlen die Geschäftsordnung für die Wahl des Ministerpräsidenten geändert. Bisher galt der Kandidat als gewählt, der im ersten Wahlgang eine absolute Mehrheit erhielt. Gab es keine absolute Mehrheit, mussten sich im zweiten Wahlgang die beiden Kandidaten mit den meisten Stimmen zu einer Stichwahl stellen, bei der die relative Mehrheit ausreichte.

Diese Möglichkeit wurde jetzt gestrichen, so dass die mögliche Koalition von *NSDAP* und *DNVP*, die zwar eine relative, aber keine absolute Mehrheit hätte aufbieten können, keine Chance bei einer Ministerpräsidentenwahl hatte. Auf wel-

chem Weg der preußische Parlamentarismus war, wurde im Übrigen sichtbar, als die zweite Sitzung des neugewählten *Landtags* am 25. Mai mit einer Saalschlacht zwischen den Abgeordneten der *NSDAP* und der *KPD* endete.

Da es sich als unmöglich erwiesen hatte, einen neuen Ministerpräsidenten zu wählen, blieb die Regierung Braun als geschäftsführendes Kabinett im Amt. Drei Monate nach der Landtagswahl war das Schicksal dieser Regierung und der preußischen Demokratie besiegelt. Am 20. Juli 1932 erließ der Reichspräsi-

dent eine Notverordnung nach § 48 der Reichsverfassung, mit der die preußischen Minister ihrer Ämter enthoben und durch Reichskommissare ersetzt wurden. Kommissarischer preußischer Ministerpräsident wurde Franz von Papen. Papen war erst kurz zuvor, am 1. Juni 1932, vom Reichspräsidenten zum Reichskanzler einer Regierung ernannt worden, die auf der Basis von Notverordnungen regierte und deren erklärtes Ziel der autoritäre Umbau der Verfassung war. Triftige Gründe für diese Amtsenthebung, die einem Staatsstreich gleichkam, lagen nicht vor. Die preußische Regierung war jedoch nicht bereit, sich mit einem Aufruf zum Generalstreik oder mit den Machtmitteln des Staates, die ihr zur Verfügung standen, gegen diesen Staatsstreich zur Wehr zu

setzen. Stattdessen reichte sie Klage beim *Staatsgerichtshof* ein, vor dem sie am 25. Oktober im Grundsatz Recht erhielt. Die Amtsenthebung der Regierung Braun war nicht rechtmäßig und ihr kam deshalb weiterhin das Recht zur Vertretung Preußens gegenüber dem Reich, den anderen Ländern und im *Landtag* zu. Allerdings bejahte der *Staatsgerichtshof* das Recht des Reichspräsidenten, wegen der schweren Gefährdung der öffentlichen Sicherheit und Ordnung vorübergehend Reichskommissare mit der Wahrnehmung einzelner Befugnisse, die im Normalfall den preußischen Ministern zustanden, zu betrauen. Mit diesem Urteil war der Staatsstreich vom 20. Juli 1932, der als „Preußenschlag" bezeichnet wurde, zwar for-

mal in seinen Wirkungen eingegrenzt; faktisch hatten die Kommissare jedoch die wichtigsten Machtmittel – Polizei, Verwaltung, Finanzen – in der Hand. Von hier war der Weg zum Ende der Demokratie in einem nationalsozialistisch beherrschten Preußen nicht mehr weit. Die Stützen der parlamentarischen Demokratie in Preußen waren nach der Machtübergabe an die Nationalsozialisten von Verfolgung, Vertreibung und Ermordung betroffen. Joseph Heß, der im Februar 1932 starb, blieb dieses Schicksal erspart. Sein Parteifreund Konrad Adenauer, der am 13. März 1933 aus seinem Amt als Oberbürgermeister von Köln entlassen wurde, zog sich aus dem politischen Leben zurück; im Zusammenhang mit dem Attentat auf Hitler am 20. Juli 1944

wurde er für mehrere Monate festgenommen. Otto Braun emigrierte am 5. Mai 1933 in die Schweiz, wo er bis nach dem Zweiten Weltkrieg lebte und 1955 verstarb. Ernst Heilmann hatte sich bis zuletzt geweigert, seinen politischen Freunden und Weggefährten ins Exil zu folgen. Noch am 19. Juni 1933 hatte er, der als jüdischer Sozialdemokrat die Nationalsozialisten von Anfang an kompromisslos bekämpft hatte und deshalb besonders gefährdet war, an der Reichskonferenz der *SPD* teilgenommen, die im Gebäude des Abgeordnetenhauses stattfand. Wenige Tage später wurde er verhaftet, zunächst ins Gefängnis Plötzensee und anschließend in die Konzentrationslager Oranienburg, Papenburg-Börgermoor, Dachau und schließlich Buchenwald gebracht. Dort wurde er nach jahrelangen Misshandlungen am 3. April 1940 umgebracht.

Seite 102:
Blick in den Plenarsaal des Abgeordneten-hauses nach der Saalschlacht zwischen Abgeordneten der NSDAP und der KPD am 25. Mai 1932

Seite 103:
Sitzung des Staatsgerichtshofs in Leipzig zur Verhandlung der Klage Preußens gegen das Reich wegen des „Preußenschlags", Oktober 1932

Das Haus der Flieger

Das Gebäude während des NS-Regimes 1933-1945

Der *Preußische Landtag* war am 4. Februar 1933 von seinem Präsidenten, dem Nationalsozialisten Hanns Kerrl, einberufen worden, um über den Antrag auf Selbstauflösung abzustimmen. Dieser Antrag aufzulösen. Da Ministerpräsident Otto Braun und Staatsratspräsident Konrad Adenauer sich dem Ansinnen Kerrls verweigerten, wurde am 6. Februar eine Notverordnung des Reichspräsidenten Kabinett Hitler als Vizekanzler erneut kommissarischer Ministerpräsident war. Konrad Adenauer verließ in der Überzeugung, das Kollegium beschlussunfähig zurückgelassen zu haben, den Raum;

Der neue preußische Ministerpräsident Hermann Göring schreitet Formationen von Polizei und Reichswehr ab, die zur Eröffnung der letzten Sitzung des Landtags am 18. Mai 1933 vor dem Gebäude angetreten sind. Im Hintergrund das Kunstgewerbemuseum und die Kunstgewerbeschule

wurde mit den Stimmen von *SPD*, *Zentrum*, *KPD* und *Deutscher Staatspartei* abgelehnt. Daraufhin trat noch am gleichen Tag das sogenannte „Dreimännerkollegium" zusammen, dem der preußische Ministerpräsident, der Präsident des *Preußischen Staatsrats* und der Landtagspräsident angehörten und das nach der preußischen Verfassung das Recht hatte, mit einstimmigem Beschluss das Parlament „zur Herstellung geordneter Regierungsverhältnisse in Preußen" erlassen, mit der der rechtmäßigen preußischen Regierung Braun die noch verbliebenen Befugnisse entzogen und auf die Reichskommissare übertragen wurden. Noch am gleichen Tag trat das Dreimännerkollegium erneut zusammen, wobei die preußische Regierung jetzt von Franz von Papen vertreten wurde, der seit seinem Eintritt in das Papen und Kerrl werteten dagegen Adenauers Verhalten als Stimmenthaltung und glaubten sich berechtigt, mit ihren beiden Stimmen die Auflösung beschließen zu können. Bei den Neuwahlen am 5. März 1933 erhielten die *NSDAP* 211 und die *DNVP* 43 der insgesamt 476 Sitze. Damit verfügten sie über eine Mehrheit, die noch größer wurde angesichts der Tatsache, dass die 61 Sitze der *KPD*

Hermann Göring als preußischer Ministerpräsident bei seiner Rede im Landtag vor der Verabschiedung des preußischen Ermächtigungs-gesetzes am 18. Mai 1933

annulliert wurden; ein Vor-gang, der auf der Grundlage der Präsidialverordnung „Zum Schutz von Volk und Staat" vom 28. Februar, der soge-nannten „Reichstagsbrandver-ordnung", möglich war. Der neugewählte *Landtag* trat nur zweimal zusammen: Am 22. März, um die Absetzung der Regierung Braun gutzu-heißen und am 18. Mai, um nach dem Vorbild des vom *Reichstag* am 23. März verab-schiedeten Ermächtigungsge-setzes ein preußisches Er-mächtigungsgesetz zu verab-schieden und sich damit, wie zuvor der *Reichstag*, selbst zu entmachten.

Als der *Landtag* am 18. Mai zusammentrat, konnte er

Hermann Göring als neuen preußischen Ministerpräsi-denten begrüßen. Göring, der bereits seit Anfang Februar kommissarischer preußischer Innenminister war, wurde am 11. April von Hitler zum Ministerpräsidenten ernannt. Diese Ernennung war möglich auf der Grundlage des „Zwei-ten Gesetzes zur Gleichschal-tung der Länder mit dem Reich", das am 7. April erlas-sen worden war und mit dem in jedem Land Reichsstatthal-ter eingesetzt wurden, die dafür zu sorgen hatten, dass die Länderregierungen in ihrer Politik den Vorgaben der Reichsregierung folgten. Hitler hatte sich selbst zum Reichsstatthalter in Preußen

ernannt und in dieser Eigen-schaft Göring als Ministerprä-sidenten eingesetzt. Nach dem 18. Mai trat der *Preußische Landtag* nicht mehr zusam-men. Er bestand jedoch bis zum 14. Oktober, als durch Präsidialverordnung der eben-falls am 5. März neugewählte *Reichstag* zusammen mit den Länderparlamenten aufgelöst wurde. Anders als beim *Reichstag*, der im November neugewählt wurde, gab es in den Ländern keine Wahlen mehr.

Die Gebäude des ehemaligen Abgeordnetenhauses und des ehemaligen Herrenhauses gin-gen im Februar 1934 in das Eigentum der *Stiftung Preußen-haus* über. Offizielles Ziel der

*Oben:
Der Neubau des
Reichsluftfahrt-
ministeriums,
1936*

*Unten:
Modellaufnahme
vom Neubau des
Reichsluftfahrt-
ministeriums. Im
Hintergrund die
Gebäude des
Abgeordneten-
hauses und des
Herrenhauses*

Stiftung war die „Pflege des Reichsgedankens auf der Grundlage der nationalsozialistischen Weltanschauung", der sich „der auf die Verwirklichung des einigen Deutschlands gerichteten geschichtlichen Sendung Preußens" verdanke. Die darin eingeschlossene Behauptung, die NS-Bewegung und das NS-Regime seien die legitimen Erben der preußischen Geschichte, die bereits vor 1933 in der NS-Propaganda eine zentrale Rolle gespielt hatte, bot einen durchsichtigen Vorwand für die Nutzung der beiden Gebäude durch nationalsozialistische Verbände und Personen. Faktisch war die *Stiftung Preußenhaus* ein Instrument, mit dem der Stiftungsvorsitzende Göring die Gebäude an der Leipziger Straße und der Prinz-Albrecht-Straße in seine Verfügung bekam. Sie wurden damit Teil einer Machtzentrale, die Göring in den ersten Jahren des Regimes zwischen Wilhelmstraße, Leipziger Straße und Prinz-Albrecht-Straße errichtete. Er war am 11. April 1933 nicht nur zum preußischen Ministerpräsidenten, sondern auch zum Reichskommissar für die Luftfahrt, und schließlich, drei Wochen später, mit der Errichtung eines *Reichsluftfahrtministeriums*, das ganz auf seine Person zugeschnitten war, zum Reichsluftfahrtminister ernannt worden. Das neue Ministerium konnte das Gebäude des ehemaligen Kriegsministeriums überneh-

men, dessen Hauptsitz sich in
der Leipziger Straße 5/6 befand und das sich in der zweiten Hälfte des 19. Jahrhunderts entlang der Wilhelmstraße ausgedehnt hatte. Der
ganze, mit seinem Garten
dem Gelände des Landtags
direkt benachbarte Komplex
wurde Anfang 1935 abgerissen und auf dem nach Süden
bis zur Prinz-Albrecht-Straße
erweiterten Bauplatz ein
Neubau errichtet.
Der von Ernst Sagebiel ent-
worfene und Ende 1936 fer-

Oben:
Die Villa des preu-
ßischen Handels-
ministers

Unten:
Das ehemalige
Gebäude des
Abgeordneten-
hauses und seine
Umgebung, 1936

tiggestellte Bau war mit ca.
420.000 m² umbauten Rau-
mes größer als das Reichstagsgebäude mit 380.000 m² und
das Schloss mit 320.000 m²
und hatte mehr als 2.000

Arbeitszimmer. Bereits kurz
nach seiner Ernennung zum
Ministerpräsidenten hatte sich
Göring die ehemalige Dienst-
villa des preußischen Ministers für Handel und Gewerbe

angeeignet. Diese Villa war
zwischen 1902 und 1904 im
Garten des Handelsministeriums in der Leipziger Straße 2
bzw. Leipziger Straße 1 / Leipziger Platz 11 errichtet wor-

den. Die Gebäude des Handelsministeriums wurden von der preußischen *Landesforstverwaltung* übernommen, deren Chef Göring wurde. Die Villa lag direkt neben dem Landtagsgrundstück, etwa in Höhe des Verbindungsbaus zwischen den Gebäuden des ehemaligen Abgeordnetenhauses und des ehemaligen Herrenhauses. Das Gebäude des Abgeordnetenhauses stand nach seiner Übernahme durch die *Stiftung Preußenhaus* zunächst nicht in der unmittelbaren Verfügung Görings, sondern diente als Veranstaltungsort für Behörden, Vereine und Verbände, die Räume für Tagungen und Feierlichkeiten anmieten konnten. Von Anfang an waren aber auch NS-Dienststellen und NS-Verbände wie beispielsweise der *NS-Ärztebund* und das *Politische Amt der obersten*

SA-Führung als Dauermieter von Büroräumen im Haus vertreten.

Am 14. Juli 1934 fand im ehemaligen Plenarsaal des Abgeordnetenhauses die offizielle Gründungsfeier des *Volksgerichtshofs* mit der Ernennung und Vereidigung der Richter statt. Dieses Gericht, das drei Monate zuvor errichtet worden war, nahm seinen ständigen Sitz in dem Gebäude und

mietete mehr als 40 Räume. Es war ein NS-Sondergericht, das nicht auf der Grundlage des Rechts, sondern auf derjenigen der NS-Ideologie buchstäblich „kurzen Prozess" machte. In den zehn Jahren seines Bestehens (1934–1944) sprach das Gericht mehr als 12.000 Todesurteile. Den bekanntesten Prozess gegen die Attentäter des 20. Juli 1944 im ehemaligen Kammergericht im Kleistpark führte Roland Freisler, der seit 1942 Präsident des Gerichts war. Zu diesem Zeitpunkt hatte der *Volksgerichtshof* allerdings längst seinen Dienstsitz in die Räume des ehemaligen Königlichen Wilhelms-Gymnasium

war, die vom Mieter gewünschten Änderungen vorzunehmen. Im Frühjahr 1935 zog der *Volksgerichtshof* aus; gleichzeitig mussten auch die anderen Mieter das Haus verlassen. Zum 1. April 1935 wurde es von der *Stiftung*

Bronzebuchstaben über dem Haupteingang zu lesen war, diente jedoch nicht nur dem *Aero-Club*, sondern auch einigen dem *Luftfahrtministerium* nachgeordneten Dienststellen. Hinzu kamen weitere Institutionen wie die *Deutsche*

Seite 110, unten: und Seite 111: Umbau des ehemaligen Plenarsaals des Abgeordnetenhauses zum Festsaal im „Haus der Flieger", 1937

in der Bellevuestraße verlegt. Bereits in der zweiten Hälfte des Jahres 1934 war es zu Unstimmigkeiten zwischen dem Vermieter, der *Stiftung Preußenhaus*, und dem *Volksgerichtshof* gekommen. Anlass war die Tatsache, dass die Nutzung des Gebäudes durch weitere Mieter und vor allem als Veranstaltungsort zu Störungen im Gerichtsbetrieb führte und der Vermieter nicht bereit

Preußenhaus dem Deutschen Reich übergeben, das es dem Reichsluftfahrtminister zur Verfügung stellte. Göring überließ das Gebäude dem *Aero-Club von Deutschland*, dem er eng verbunden war und für den im folgenden Jahr erhebliche Umbauten im Inneren vorgenommen wurden. Das „Haus der Flieger", wie das Gebäude jetzt genannt wurde und wie in großen

Luftfahrtakademie, die ebenfalls in den Machtbereich Görings fielen.
Göring nutzte das Gebäude aber auch für repräsentative Veranstaltungen. Zu diesem Zweck wurde 1936/37 der ehemalige Plenarsaal des Abgeordnetenhauses vollständig umgebaut. Die Einrichtung des Saals wurde bis auf das konstruktive Gerüst vollständig entfernt, die innere Glas-

decke durch eine Glaskuppel ersetzt, der Boden am Rande mit Marmor, im inneren Bereich mit Parkett belegt und

Mosaik mit acht Adlern zu sehen, die in ihren Fängen Eichenkränze mit Hakenkreuzen hielten.

genen *Geheimen Staatspolizeiamt* (*Gestapa*) genutzt worden zu sein. Dessen Existenz verdankte sich ebenfalls Göring, der es noch als kommissarischer preußischer Innenminister im Frühjahr 1933 durch die Verselbständigung

die Wandflächen mit Travertin und Sandstein verkleidet. Unterhalb der Decke verlief über den Pfeilern, die neu eingestellt wurden, um einerseits die schwere Glaskuppel zu stützen und andererseits den Einbau von Emporen zu ermöglichen, ein Fries mit vergoldeten Hakenkreuzen. Im Mittelteil der Decke war ein

Der Saal war bis weit in den Krieg hinein Schauplatz festlicher Veranstaltungen. Zu diesem Zweck scheint er auch von dem in der Prinz-Albrecht-Straße schräg gegenüber gele-

der Abteilung „Politische Polizei" im *Berliner Polizeipräsidium* gegründet und in unmittelbarer Nähe seines Machtbereichs in der ehemaligen Kunstgewerbeschule in der Prinz-Albrecht-

Straße 8 untergebracht hatte.
Die *Preußische Geheime Staats-
polizei* war Göring als preußi-
schem Ministerpräsidenten direkt zugeordnet; ihre Leitung
hatte ein Inspekteur. Im April
1934 übernahm Heinrich
Himmler, der als „Reichsfüh-
rer-SS" nicht nur über einen
eigenen Machtapparat, sondern mit dem *Sicherheitsdienst
des Reichsführers-SS (SD)* über
einen eigenen, sozusagen privaten Geheimdienst verfügte,
dieses Amt. Der Leiter des
SD, Reinhard Heydrich, folgte
seinem Chef von München
nach Berlin und übernahm die
Leitung des *Gestapa*. Während
Himmler in dem der Kunstgewerbeschule benachbarten
Hotel Prinz Albrecht als
Chef der *SS* seinen Dienstsitz
nahm, bezog Heydrich mit
dem *SD* das nahe gelegene
Prinz-Albrecht-Palais in der
Wilhelmstraße 102. Diese
Verbindung zwischen Partei-
dienststellen und Behörden
des NS-Staates entsprach ganz
der NS-Ideologie von der Einheit von Partei und Staat. Sie
wurde, über die Personalunionen an der Spitze hinaus, in
den folgenden Jahren auch
institutionell ausgebaut und
fand mit der Vereinigung
von *SD*, Politischer Polizei
(*Gestapo*) und Kriminalpolizei
zum *Reichssicherheitshauptamt*

im Jahre 1939 ihren Abschluss.
Direkt an den Gebäudekom-
plex des Landtags angrenzend
war damit die Terrorzentrale
des SS-Staates entstanden, von
der aus die Verfolgung der
Gegner des Regimes, aber
auch die Ermordung von Millionen von Menschen in ganz
Europa, organisiert und ge-
lenkt wurde. Bis zur Übernahme des Gebäudes durch den
Aero-Club 1935 waren Abteilungen des *Geheimen Staatspolizeiamtes* auch im ehemaligen
Abgeordnetenhaus unterge-
bracht, das damit Teil der
Terrorzentrale war.

*Seite 112,
oben links:
Empfang im Fest-
saal des Abgeord-
netenhauses am
Vorabend der
Hochzeit von Her-
mann Göring mit
Emmy Sonnemann
am 9. April 1935*

*Seite 112,
oben rechts:
Der Festsaal im
„Haus der Flieger"
nach dem Umbau*

*Seite 112,
unten links:
Eröffnungsveran-
staltung im Fest-
saal im „Haus der
Flieger"*

*Seite 112,
unten rechts:
Der Festsaal im
„Haus der Flieger",
Blick gegen die
Bühne*

*Seite 113:
Die ehemalige
Kunstgewerbeschu-
le in der Prinz-
Albrecht-Straße
als Zentrale des
Geheimen Staats-
polizeiamtes
(Gestapa). Im
Hintergrund das
ehemalige Hotel
Prinz Albrecht,
Sitz der „Reichs-
führung-SS",
1937*

Das Haus der Ministerien II

*Ein Parlamentsgebäude
ohne Parlament 1945 – 1990*

Obwohl durch die Luftangriffe in den letzen Kriegsmonaten und bei den Straßenkämpfen um die Eroberung Berlins in den letzten Kriegstagen erheblich in Mitleidenschaft gezogen, wurde das Gebäude

bereits seit Ende 1945 von sogenannten *Zentralverwaltungen* genutzt, die auf Befehl der *Sowjetischen Militäradministration* (*SMAD*) in der Sowjetischen Besatzungszone (SBZ) gegründet worden waren und als

Vorläufer der späteren DDR-Ministerien bezeichnet werden können. Die Chefs dieser *Zentralverwaltungen* bildeten ab 1947 — ebenfalls auf Befehl der *SMAD* — die *Deutsche Wirtschaftskommission* (*DWK*), die

Oben:
Blick über das Kunstgewerbemuseum, die Gebäude des ehemaligen Abgeordnetenhauses und des ehemaligen Herrenhauses aus der Luft, um 1955

Unten:
Das Gebäude des ehemaligen Abgeordnetenhauses, vor 1949

des ehemaligen Abgeordnetenhauses nach Kriegsende als wiederaufbaufähig eingestuft. Mit Instandsetzung und Wiederaufbau wurde 1947 begonnen.

Die geplante Nutzung des Gebäudes als Sitz staatlicher Behörden stand in einem engen Zusammenhang mit dem benachbarten Gebäude des ehemaligen Luftfahrtministeriums. Dieses war nur wenig beschädigt worden und wurde

mit der Koordinierung der Arbeit der *Zentralverwaltungen* beauftragt wurde. Das Gebäude des ehemaligen Luftfahrtministeriums – anfangs als Haus der Zentralverwaltungen bezeichnet – wurde zum Haus der Deutschen Wirtschaftskommission und damit zur Zentrale der obersten deutschen Behörden in der SBZ.

Das Gebäude des ehemaligen Abgeordnetenhauses wurde ebenfalls der *DWK* zur Verfügung gestellt. Ob tatsächlich einzelne Räume des Gebäudes von Dienststellen der *DWK* genutzt werden konnten, ist nicht bekannt. Es ist jedoch wenig wahrscheinlich, da erst zeitgleich mit der Gründung der *DWK* mit den Vorarbeiten zur Instandsetzung begonnen wurde. Als im Oktober 1949

an die Stelle der *DWK* die Ministerien der neugegründeten DDR traten, war die Instandsetzung noch lange nicht abgeschlossen.

Die Gründung der DDR wurde formal am 7. Oktober 1949 als Verabschiedung der Verfassung der DDR durch den *Deutschen Volksrat* – eine Art provisorisches Parlament – im ehemaligen Festsaal des Luftfahrtministeriums vollzogen. Vier Tage später wählte das

Oben:
Blick in die Treppenhalle des ehemaligen Abgeordnetenhauses, 1949

Unten:
Das Gebäude des ehemaligen Abgeordnetenhauses, um 1950, Blick aus Nordwesten

gleiche Gremium – jetzt als *Provisorische Volkskammer* – Otto Grotewohl zum Ministerpräsidenten. Während die in Ministerien umgewandelten *Zentralverwaltungen* ihre Räume im Luftfahrtministerium, das jetzt Haus der Ministerien genannt wurde, behielten, wurde das Gebäude des Abgeordnetenhauses zum Sitz des Regierungschefs und seiner Behörde, der Regierungskanzlei, bestimmt. Darüber hinaus sollte das Gebäude Sitz der *Volkskammer* werden. Der Ministerpräsident, seine Stellvertreter und deren Mitarbeiter konnten sofort fertiggestellte Räume beziehen. Die *Provisorische Volkskammer* musste hingegen weiterhin im Festsaal des Luftfahrtministeriums tagen, da sich der ehemalige Plenarsaal in ruinösem Zustand befand und erst jetzt mit der Planung zur Instandsetzung begonnen wurde. Noch während der Planungsphase im Frühsommer 1950 wurde jedoch der Beschluss gefasst, für die *Volkskammer* den ehemaligen Vortragssaal des Langenbeck-Virchow-Hauses in der Luisenstraße 58/60 herzurichten, der im August 1950 bezogen werden konnte. Hier verblieb die *Volkskammer* bis zu ihrem Umzug in den Palast der Republik im Jahre 1976. Die gerade begonnenen Arbeiten im Plenarsaal des Abgeordnetenhauses wurden eingestellt; er blieb bis zum Ende der DDR im Rohbauzustand und wurde u.a. in den fünfziger Jahren für Schießübungen der *Gesellschaft für Sport und Technik* genutzt. Fertiggestellt wurde dagegen ein im dritten Obergeschoss gelegener ehemaliger Sitzungssaal, dessen Renovierung als geplanter Sitzungssaal für die SED-Frak-

tion der *Volkskammer* beschleunigt durchgeführt worden war. Er wurde jetzt dem *Ministerrat* zur Verfügung gestellt, der seit der Verabschiedung des Gesetzes über die Regierung der DDR im November 1950 als Kabinett der DDR unter dem Vorsitz des Ministerpräsidenten Grotewohl tagte.

Die Nutzung des Gebäudes des Abgeordnetenhauses durch Ministerpräsident und *Ministerrat* war nur von kurzer Dauer; bereits 1953 bezog der *Ministerrat* das ehemalige Stadthaus in der Klosterstraße. Das Gebäude des Abgeordnetenhauses wurde jetzt das Haus der Ministerien II. Bis 1961 beherbergte es, neben einigen untergeordneten Dienststellen, vor allem das

Landwirtschaftsministerium. Dessen Räume übernahm 1961 die *Staatliche Plankommission*, die seit 1949 im Komplex Haus der Ministerien untergebracht und den anderen Ministerien gleichgestellt war. Sie verblieb bis zum Ende der DDR im Gebäude. Noch zweimal wurde das Haus in den folgenden Jahren zum Gegenstand intensiver Planungs- und Renovierungsarbeiten. Im Jahre 1960 wurde kurzfristig mit der Instandsetzung derjenigen Räume begonnen, die nicht von staatlichen Dienststellen genutzt wurden und die in der Zukunft für Tagungen verschiedener Gremien des *Rats für gegenseitige Wirtschaftshilfe* (*RGW*) zur Verfügung stehen sollten. Der *RGW*, im Westen

Seite 118:
Das ehemalige
Luftfahrtministe-
rium als Sitz der
Deutschen
Wirtschafts-
kommission,
Juni 1949

Seite 119, oben:
Das ehemalige
Luftfahrtministe-
rium und das
ehemalige Abge-
ordnetenhaus als
Sitz der
Deutschen
Wirtschafts-
kommission

Seite 119, unten:
Das ehemalige
Luftfahrtministe-
rium als Haus der
Ministerien und
das ehemalige
Abgeordnetenhaus
als Regierungs-
kanzlei, 1950

unter der Abkürzung *COME-CON* bekannt, war 1949 in Moskau als Gegenstück zum Marshallplan gegründet worden. Sein oberstes Leitungsgremium war die *Ratstagung*, die abwechselnd in den verschiedenen Mitgliedsländern zusammentrat. Die *VII. Ratstagung* im Mai 1956 fand erstmals in Ost-Berlin statt. Im Rahmen der Vorbereitung der *XIV. Ratstagung*, die erneut in der DDR stattfinden sollte, war der Beschluss zum weiteren Ausbau des ehemaligen Abgeordnetenhauses gefasst worden.

Diese Tagung fand dann allerdings doch an einem anderen

Oben:
Der Kindergarten der Regierung im Verbindungsbau, ca. 1951 / 52

Unten:
Umbauplanung für die XIV. Ratstagung des RGW von Kurt Tausendschön, Minister-Casino, Eingangsseite, 1960

Ort, vermutlich im Schloss Niederschönhausen, statt. Trotz der beschleunigten Durchführung der Arbeiten

war es angesichts des hohen Zeitdrucks nicht möglich, die Renovierung des Plenarsaals in Angriff zu nehmen. Auf-

wendig renoviert und möbliert wurde allerdings eine ganze Reihe von Sitzungs- und Arbeitsräumen, während der Umbau des ehemaligen Restaurants in ein Minister-Casino im Planungsstadium blieb. Dass das Gebäude gleichwohl auch in der Zukunft nicht für Sitzungen der RGW-Kommissionen genutzt wurde, dürfte mit seiner Lage unmittelbar an der Sektorengrenze zusammenhängen, die angesichts der Spionage-Ängste der DDR-Führung besonders bedrohlich schien.

Im Jahre 1963 wurden erneut Umgestaltungspläne für das

Haus der Ministerien II gefasst. Sie stehen im Zusammenhang mit der Tatsache,
dass vom 30. Dezember 1918
bis zum 1. Januar 1919 im
Festsaal des ehemaligen Abgeordnetenhauses der Grün-
dungsparteitag der *KPD* stattgefunden hatte. In der Haupttreppenhalle wurde eine Ge-
denktafel angebracht und je
eine Büste von Rosa Luxem-
burg und Karl Liebknecht auf-
gestellt. Auf einer Gedenk-
feier, die am 3. Januar 1964

Oben:
Sitzungssaal
für Gremien des
RGW, 1960

Unten:
Arbeitszimmer
nach der
Einrichtung
für Gremien des
RGW, 1960

stattung blieb es, bis 1977 im
Vorfeld des 60. Jahrestags der
KPD-Gründung der Beschluss
gefasst wurde, „den Grün-
dungssaal im Haus II des HdM
bis Ende 1978 zu renovieren
und neu auszugestalten".
Dieser Beschluss entwickelte
eine unerwartete Eigendyna-
mik. Nachdem zunächst der
Aufwand zur Verwirklichung
des Projekts so gering wie
möglich gehalten werden sollte, kam es im Laufe des Jahres
1978, angeblich nach einer direkten Einflussnahme durch
Erich Honecker, zu einer erheblichen Ausweitung der Pläne. Neben der Renovierung
des Festsaales sollte eine ganze
Reihe weiterer Räume – dar-
unter auch solche, die von Behörden im Haus genutzt wurden – zur Einrichtung einer

anlässlich des 45. Jahrestages
der KPD-Gründung statt-
fand, wurden die Büsten feierlich enthüllt.
Im folgenden Jahr wurde der
Saal mit Fotografien, Erinne-
rungsstücken von Partei-Vete-
ranen und einer Möblierung,
die der Möblierung des Grün-
dungsparteitags nachempfun-
den war, zur Gedenkstätte
ausgestaltet. Bei dieser Aus-

Gedenk- und Bildungsstätte umgebaut werden. Überdies war geplant, den Saal selbst in den baulichen Zustand zu versetzen, in dem er zum Zeitpunkt der Gründung der *KPD* gewesen war.

In den folgenden Jahren wurde unter Federführung des *Instituts für Denkmalpflege der DDR* der Versuch der Rekonstruktion unternommen. Auf Grund der Tatsache, dass kaum Unterlagen vorhanden waren und dass der Raum

Oben:
Feier zum Gedenken an den 45. Jahrestag der Gründung der KPD in der Treppenhalle am 3. Januar 1964

Unten:
Zeichnung der Rekonstruktion des Festsaals im Rahmen der Planung der Gedenk- und Bildungsstätte zur Gründung der KPD, 1982

nach der wechselvollen Geschichte des Gebäudes so gut wie keine Anhaltspunkte für eine Rekonstruktion bot, war dieses Ansinnen von vornherein zum Scheitern verurteilt. Es entstand eher eine Neuausstattung in einem Stil der

Zeit, in der das Gebäude errichtet worden war. Selbst dieses Unternehmen wurde nicht zu Ende geführt, da im Februar 1983 alle weiteren Arbeiten am Ausbau der Gedenk- und Bildungsstätte eingestellt wurden.

Die Gründe für diesen Beschluss lassen sich nicht mehr rekonstruieren. Sie dürften jedoch in der Lage des Gebäudes direkt an der Grenze zum Westteil der Stadt zu suchen sein. Mit dem Bau der Mauer im August 1961 war das Ge-

bäude endgültig in eine Rand-
lage mit hoher Risikostufe ge-
rückt. Auf dem Balkon über
dem ehemaligen Hauptein-
gang wurde ein Beobach-
tungsposten der Grenztruppen eingerichtet, der zunächst
sogar über einen provisorischen Bunker mit Schieß-
scharten verfügte. Zwar erfolgte die Bewachung der
Mauer und des Todesstreifens
in diesem Abschnitt außerhalb
des Gebäudes; im Gebäude

Oben:
Blick über die
Berliner Mauer
auf die Fassade
des ehemaligen
Abgeordneten-
hauses

Unten:
Blick in den Todes-
streifen entlang
der Niederkirchner
Straße mit dem
Martin-Gropius-
Bau (r.) und dem
ehemaligen
Abgeordnetenhaus

selbst hielten sich aber regelmäßig Mitarbeiter des *Ministeriums für Staatssicherheit* auf,
die zur Tarnung Uniformen
der Grenztruppen trugen. Die
insgesamt 22 Mitarbeiter der
Stasi, die im Hause arbeitcten,
waren für den Betrieb einer
Funkaufklärungs- und Funk-
peilstation auf dem Dach des
Gebäudes zuständig. Von 1965
bis 1989 wurde diese Station
zur Überwachung des Funk-
verkehrs der deutschen und
alliierten Behörden und
Dienststellen im Westteil der
Stadt genutzt. Das Gebäude
des ehemaligen Preußischen
Abgeordnetenhauses war
eine Spionage-Dienststelle
der DDR-Staatssicherheit
geworden.

Demokratischer Neubeginn, deutsche Teilung und Wiedervereinigung

Stadtverordnetenversammlung und Abgeordnetenhaus seit 1945

Nach der Eroberung und Besetzung Berlins durch die Rote Armee in der ersten Maiwoche 1945 stand die Stadt zwei Monate lang unter alleiniger sowjetischer Verwaltung, die von der *SMAD* ausgeübt wurde. Am 11. Juli rückten englische und amerikanische Truppen in Berlin ein, um die

Oben:
Oberbürgermeister
Arthur Werner bei
der konstituieren-
den Sitzung des
ersten Berliner
Nachkriegs-
magistrats am
20. Mai 1945,
links der sowjeti-
sche Stadtkom-
mandant General-
oberst Nikolaij
Bersarin, rechts
Bürgermeister
Karl Maron

Unten:
Bekanntmachung
über die Bildung
des Magistrats in
der „Täglichen
Rundschau" vom
17. Mai 1945.
Der Magistrat war
parteiübergeifend,
ihm gehörten
Kommunisten an
wie Karl Maron,
aber auch promi-
nente Persönlich-
keiten ohne Partei-
bindung wie der
Chirurg Ferdinand
Sauerbruch

Bekanntmachung
über die Bildung einer Berliner Städtischen Selbstverwaltung

Am 11., 12. und 13. Mai dieses Jahres fanden Versammlungen von Vertretern verschiedener öffentlicher Gruppen der Stadt Berlin statt, bei denen die Fragen über die Lebensmittelversorgung der Bevölkerung der Wiederherstellung der Kommunalwirtschaft und der schnellsten Einrichtung normalen Lebens in der Stadt aufgeworfen wurden.

Auf diesen Versammlungen wurde beschlossen, eine Städtische Selbstverwaltung von Berlin aufzustellen, in deren Bestand folgende Personen aufgenommen wurden:

1. Doktor Arthur WERNER, Architekt und Ingenieur für Elektrotechnik und Maschinenbau.
2. Karl SCHULZ, ehem. Hochschulrektor.
3. Karl MARON, Schlosser, Sozialpolitiker.
4. Doktor HERMES, bedeutender Fachmann in Fragen der Landwirtschaft und der Lebensmittelversorgung.
5. Paul SCHWENK, ehem. Mitglied des Preußischen Landtages, großer Fachmann in Fragen der Kommunalwirtschaft.
6. KRAFT, Ingenieur, bedeutender Fachmann in Fragen der städtischen Wirtschaft.
7. Arthur PIECK, aktiver Funktionär der Gewerkschaftsbewegung.
8. SCHIERACK, Ingenieur.
9. Professor SAUERBRUCH, Chirurg.
10. Otto LORINZ, Lehrer.
11. KEELER, Nachrichteningenieur.
12. Otto GESCHKE, ehem. Mitglied des Reichstages.
13. Josef ORLOP, Eigentümer eines Lebensmittelgeschafts, ehem. Abgeordneter Kandidat des Preußischen Landtages.
14. BUCHHOLZ, Pfarrer.
15. Edmund NORDWIG, Finanzfachmann u. a.

Die Aufstellung der führenden Mitarbeiter der Berliner Städtischen Selbstverwaltung wurde am 14. Mai dieses Jahres dem sowjetischen Militärkommando vorgelegt und erhielt dessen Beistimmung.

Die Berliner Selbstverwaltung ist im alten Gebäude am Alexanderplatz untergebracht und hat ihre Arbeit aufgenommen.

B E F E H L
der Interalliierten Militärkommandantur
der Stadt Berlin

11. Juli 1945   **Nr. 1**   **Berlin**

Die Interalliierte Militärkommandantur hat die Kontrolle über die Verwaltung der Stadt Berlin am 11. Juli 1945 übernommen

Alle früher vom Chef der Garnison und Militärkommandanten der Roten Armee der Stadt Berlin und von den unter alliierter Kontrolle stehenden deutschen Behörden ausgegebenen Befehle und Anordnungen, die die Ordnung und Haltung der Bevölkerung der Stadt Berlin regulieren, sowie die Verantwortung der Bevölkerung für die Verletzung der Befehle und Anordnungen und für gesetzwidrige Handlungen gegen die alliierten Okkupationstruppen betreffend, bleiben bis auf besondere Verfügung in Kraft.

Die Militärkommandanten der Stadt Berlin

UdSSR	USA.	Großbritannien.
Generaloberst	Generalmajor	Generalmajor
GORBATOW	PARKS	LYNE

Die Regierungsgewalt wurde von einer gemeinsamen Besatzungsbehörde, der *Alliierten Kommandantur* übernommen, die offiziell *Alliierte Kommandatura* genannt wurde. Die *Alliierte Kommandantur* übernahm am 11. Juli alle bisher von der *SMAD* erlassenen Verordnungen und Gesetze. Dazu gehörte auch ein vom sowjetischen Stadtkommandanten eingesetzter Magistrat für Berlin, der bereits am 17. Mai 1945 unter der Leitung des parteilosen Oberbürgermeisters Dr. Arthur Werner seine Arbeit aufgenommen hatte. Dieser Magistrat war von den Befehlen und Anordnungen der *Alliierten Kommandantur*

ihnen zugewiesenen Sektoren zu übernehmen, während die sowjetischen Truppen sich auf ihren Sektor zurückzogen. Dieser Vorgang entsprach den in den Londoner Protokollen vom 12. September 1944 festgelegten Verfahren, nach denen Deutschland in Besatzungszonen eingeteilt werden sollte, von denen „ein besonderes Berliner Gebiet" ausgenommen und seinerseits in Analogie zu den Besatzungszonen in Sektoren eingeteilt wurde. Als im August 1945 französische Truppen in Berlin einrückten und die Bezirke

Wedding und Reinickendorf als französischen Sektor übernahmen, wurde Berlin zur Viersektorenstadt.

abhängig, die vor ihrer Genehmigung alle vom Magistrat erlassenen Gesetze und Verordnungen einer genauen Prüfung unterzog.

Am 20. Oktober 1946 konnten die ersten freien Wahlen in Berlin seit 1933 stattfinden. Voraussetzung war die „Vorläufige Verfassung von Groß-Berlin", die im Sommer 1946 ausgearbeitet und am 13. August von der Alliierten Kommandantur genehmigt worden war. Zweck der Verfassung, so

Der amtierende Oberbürgermeister Arthur Werner auf der konstituierenden Sitzung der Berliner Stadtverordnetenversammlung am 26. November 1946 im Neuen Stadthaus

Otto Ostrowski (SPD) bei seiner Vereidigung zum Oberbürgermeister auf der 3. Sitzung der Stadtverordnetenversammlung am 5. Dezember 1946

die Kommandanten in ihrem Genehmigungsschreiben, war die „Wiederherstellung politischer Freiheit" und die Übertragung der „Verantwortung für die der Alliierten Kommandatura unterstellte Regierung auf die Bevölkerung der Stadt".

Die Wahl stand im Bann der Auseinandersetzung um die Vereinigung von *SPD* und *KPD*

im April 1946. Als Antwort auf eine massive Vereinigungskampagne der *KPD* hatte am 31. März eine Urabstimmung stattgefunden, bei der sich mehr als 80 Prozent der SPD-Mitglieder in den Westsektoren gegen eine Vereinigung ausgesprochen hatten. Im Ostsektor, wo die Abstimmung durch die Besatzungsmacht verhindert wurde, kam

es dagegen am 21./22. April 1946 zur Zwangsvereinigung der beiden Parteien zur *Sozialistischen Einheitspartei Deutschlands (SED)*.

Die Ergebnisse der Wahl vom 20. Oktober waren eindeutig: Während die *SPD* auf 48,7 Prozent der Stimmen kam, musste sich die *SED* mit 19,8 Prozent begnügen; die *CDU* erreichte 22,2 Prozent

*Stadtverordneten-
vorsteher Otto
Suhr (SPD) verei-
digt den Stadtrat
für Ernährung
Paul Fuellsack,
5. Dezember 1946*

*Ernst Reuter, der
erste Regierende
Bürgermeister von
Berlin*

und die *Liberaldemokratische
Partei (LDP)* 9,3 Prozent.
Der von der *Stadtverordnetenversammlung* am 5. Dezember
zum Oberbürgermeister ge-
wählte Dr. Otto Ostrowski
(*SPD*) trat bereits am 17. April
des folgenden Jahres zurück,
nachdem ihm die Stadtverord-
neten auf Antrag seiner eigenen Partei wegen zu großer
Kompromissbereitschaft
gegenüber der *SED* das Misstrauen ausgesprochen hatten.
Am 24. Juni wurde Ernst
Reuter (*SPD*) zum Nachfolger
Ostrowskis gewählt; er konnte sein Amt jedoch nicht an-
treten, da die *Kommandantur*
wegen des sowjetischen Vetos
die Wahl nicht bestätigte. An
seiner Stelle amtierte weiter-

hin, wie schon seit Ostrowskis
Rücktritt, Louise Schröder
(*SPD*) als kommissarische
Oberbürgermeisterin; ihr Vertreter war Ferdinand Frie-
densburg (*CDU*).
An den Vorgängen um die
Wahl und Bestätigung Reuters
zeichnete sich bereits die politische und administrative
Spaltung der Stadt ab, die sich
im Sommer 1948 in wenigen
Wochen vollzog. Nachdem die
Sitzungen der *Stadtverordnetenversammlung* im Neuen Stadthaus in der Parochialstraße im
sowjetischen Sektor im Juni
wiederholt von kommunisti-
schen Demonstranten erheblich behindert worden waren,
wurden sie ab 6. September
in den britischen Sektor ver-

legt, wohin der Magistrat am
13. Oktober folgte.
Am 30. September setzte eine
von der *SED* einberufene Versammlung, die sich auf keinerlei Wählervotum stützen
konnte, einen von der *SED* beherrschten Magistrat für Berlin ein, dessen Wirksamkeit
auf den sowjetischen Sektor
beschränkt blieb. In den Westsektoren fanden, wie in der
„Vorläufigen Verfassung" vorgesehen, am 5. Dezember
1948 Neuwahlen statt. Ihr Ergebnis war ein klares Bekennt-
nis der Berliner zu demokratischen Parteien und zur Person
Ernst Reuters. Die *SPD* erhielt
64,5 Prozent, die *CDU* 19,4
Prozent und die *LDP* 16,1
Prozent der Stimmen; die

*Sitzung der Stadt-
verordnetenver-
sammlung von
West-Berlin am
1. Oktober 1950
im Rathaus Schö-
neberg, auf dieser
Sitzung wurde die
Berliner Verfassung
verabschiedet*

*Ansprache des
Regierenden
Bürgermeisters
Eberhard Diepgen
(CDU) auf der
Sitzung des Abge-
ordnetenhauses
am 25. April 1985
im Rathaus
Schöneberg*

Stadtverordnetenversammlung wählte am 7. Dezember erneut Ernst Reuter, diesmal einstimmig, zum Oberbürgermeister.

Die politische und administrative Teilung Berlins verlief parallel zur Währungsreform und zur Blockade. Auf die Einführung der Deutschen Mark in den drei Westzonen am 20. Juni 1948 reagierte die *SMAD* drei Tage später mit der Einführung der Ostmark in ihrer Zone, wobei sie allerdings alle vier Sektoren Berlins in diese Währungsumstellung einbezog. Die drei Westalliierten führten im Gegenzug am nächsten Tag die Deutsche Mark auch in den drei Westsektoren Berlins ein. Noch am gleichen Tag, dem 24. Juni 1948, wurde der gesamte Güter- und Personenverkehr auf den Straßen, Schienen und Wasserstraßen, die über das Gebiet der Sowjetischen Besatzungszone (SBZ) führten und West-Berlin mit den

Westzonen verbanden, unterbrochen. Alle Lieferungen von Lebensmitteln, Kohlen und elektrischem Strom aus der SBZ wurden eingestellt. Am nächsten Tag begann, von der US Air Force und der Royal Air Force durchgeführt, der Aufbau der Luftbrücke, die

etwa zwei Millionen Menschen mit den notwendigsten Gütern versorgte. Insgesamt wurden in 279.114 Einsätzen mehr als zwei Millionen Tonnen Lebensmittel und Brennstoffe transportiert, bis am 12. Mai 1949, nach fast elf Monaten, die Blockade aufgehoben und die Versorgungsflüge der Luftbrücke eingestellt wurden.

Die Viermächteverwaltung der Stadt war faktisch bereits beendet, als der sowjetische Vertreter am 16. Juni 1948 die Sitzung der *Alliierten Kommandantur* verließ. Deren Arbeit wurde jedoch von den drei westlichen Besatzungs-

mächten für die Westsektoren Berlins fortgeführt, die mit dem am 14. Mai 1949 erlassenen „Kleinen Besatzungsstatut" den neuen Verhältnissen Rechnung trugen. In dieser „Erklärung über die Grundsätze der Beziehungen der Stadt Groß-Berlin zu der Alliierten Kom-

Das Rathaus Schöneberg, Sitz des Abgeordnetenhauses von Berlin (1951-1993) und des Senats von Berlin (1951-1991)

mandatura" erhielt die Stadt volle gesetzgeberische, vollziehende und gerichtliche Gewalt übertragen. Alle vom Magistrat erlassenen gesetzlichen Bestimmungen konnten jedoch erst nach Ablauf einer 21-Tage-Frist, während der die *Kommandantur* die Möglichkeit zum Einspruch hatte, in Kraft treten.

Am 1. Oktober 1950 wurde eine neue Verfassung für West-Berlin verabschiedet. Berlin erhielt mit dieser Verfassung den Status eines Landes. An die Stelle der *Stadtverordnetenversammlung* trat das *Abgeordnetenhaus von Berlin* als Landesparlament, an die Stelle des Magist-

rats trat der Senat mit dem Regierenden Bürgermeister an der Spitze. Nach der Wahl vom 3. Dezember 1950 trat das neue Parlament am 11. Januar 1951 zu seiner ersten Sitzung im Rathaus des Bezirks Schöneberg zusammen, wo es bis zum Umzug in das Gebäude des ehemaligen Preußischen Abgeordnetenhauses am 26. April 1993 tagte. Der Senat hielt seine erste Sitzung unter Ernst Reuter am 14. Januar 1951 im Rathaus Schöneberg, und er blieb in diesem Gebäude bis zum Umzug des Regierenden Bürgermeisters und der Senatskanzlei in das Rote Rathaus am 1. Oktober 1991.

Gleichwohl war West-Berlin kein vollberechtigtes zwölftes Bundesland der Bundesrepublik Deutschland. Während die Bundesrepublik 1955 ihre volle Souveränität erhielt, stand West-Berlin weiter unter Besatzungsstatut. Juristisch behielten die Besatzungsmächte die oberste Regierungsgewalt in Berlin. Zwar wurde die Einspruchsfrist bereits 1951 abgeschafft; in einer Erklärung über Berlin vom 5. Mai 1955, die bis 1990 in Geltung blieb, behielt sich die *Kommandantur* aber grundsätzlich das Recht vor, vom *Abgeordnetenhaus* erlassene

Oben:
Sitzung der Stadt-
verordnetenver-
sammlung von
Ost-Berlin im
Roten Rathaus
am 29. Juni 1981,
Wahl des Oberbür-
germeisters Erhard
Krack

Unten:
Das Rote Rathaus.
Sitz der Stadt-
verordnetenver-
sammlung von
Ost-Berlin

Gesetze aufzuheben. Faktisch war West-Berlin in die Bundesrepublik einbezogen; Bundesgesetze konnten allerdings nicht automatisch in Berlin in Kraft treten, sondern mussten in einem besonderen Übernahmeverfahren als Berliner Gesetze verabschiedet werden. Ausgeschlossen waren selbstverständlich Gesetze, wie zum Beispiel das Wehrgesetz, die alliierte Vorbehaltsrechte für den militärischen Bereich betrafen. Überdies hatten die Bürger West-Berlins nicht das Recht, Abgeordnete zum *Deutschen Bundestag* zu wählen. Vielmehr wählte das *Abgeordnetenhaus* 22 seiner Mitglieder als delegierte Vertreter, die nicht das volle Stimmrecht besaßen.

Der sowjetisch besetzte Sektor dagegen wurde bereits nach der Gründung der DDR im Oktober 1949 und entgegen den Vereinbarungen des Londoner Protokolls in den neugegründeten Staat integriert und zu dessen Regierungszentrum. Der von der *SED* beherrschte „provisorische Magistrat", der am 30. September 1948 eingesetzt worden war, blieb bis 1954 im Amt. Am 17. Oktober 1954 fanden auf der Grundlage der „Einheitsliste der Nationalen Front" Wahlen zu einer *Volksvertretung Groß-Berlin* statt. Sie waren bereits am 19. Januar 1953 mit einer Verordnung angekündigt worden, die der Oberbürgermeister von Ost-Berlin, Friedrich Ebert jr., im Namen des „Magistrats von Berlin" erlassen hatte. Die *Stadtverordnetenversammlung von Groß-Berlin*, die 1977 in *Stadtverordnetenver-*

ren spektakulärsten Ausdruck gefunden. Mit der Öffnung der Mauer in der Nacht vom 8. auf den 9. November 1989 begann das Ende dieser Teilung.

Am 6. Mai 1990 konnte zum

Abgeordnetenhaus für die vereinigte Stadt gewählt. Aus diesen Wahlen ging die *CDU* als Siegerin hervor. Das neue *Abgeordnetenhaus* konstituierte sich am 11. Januar 1991 in einer Feierstunde in der

Konstituierende Sitzung des Abgeordnetenhauses von Berlin in der Nikolaikirche am 11. Januar 1991

sammlung von Berlin, Hauptstadt der DDR* umbenannt wurde, nahm zusammen mit dem Magistrat ihren Sitz im Roten Rathaus.

Mit dem Ende der Teilung Deutschlands war auch die Teilung Berlins beendet. Die Teilung Deutschlands und die Teilung der Welt in zwei Machtblöcke hatte in Berlin, dessen beide Stadthälften seit dem 13. August 1961 durch eine Mauer geteilt waren, ih-

ersten Mal im Ostteil der Stadt eine *Stadtverordnetenversammlung* frei gewählt werden. Die *SPD* ging aus dieser Wahl mit 34 Prozent der Stimmen als Siegerin hervor und bildete mit der *CDU* eine Koalition. Am 29. November trat diese *Stadverordnetenversammlung* zum letzten Mal zusammen, denn am 2. Dezember wurde, zeitgleich mit den Wahlen zum ersten gesamtdeutschen *Bundestag*, ein

Nikolaikirche.

Bereits am 30. August 1990 hatten die Präsidien des *Abgeordnetenhauses* von West-Berlin und der *Stadtverordnetenversammlung* von Ost-Berlin den grundsätzlichen Beschluss gefasst, das Gebäude des ehemaligen Preußischen Abgeordnetenhauses zum Domizil des Parlaments im vereinigten Berlin zu wählen. Dieser Beschluss wurde im Plenum des *Abgeordnetenhauses* am 25. Oktober 1990 einstimmig bestätigt und am 17. Juni 1991 wurde der Beginn der Bauarbeiten feierlich begangen. Im Zentrum der Arbeiten stand die Wiederherstellung des ruinösen Plenarsaals, in den der neue Plenarsaal gewissermaßen hineingestellt wurde. Die vom alten Saal

noch erhaltenen Blendbogenstellungen in den Umfassungswänden wurden nur teilweise überdeckt; im oberen Wandbereich ermöglichen schwenkbare Aluminiumlamellen, die der Regelung der Akustik dienen, den Durchblick auf die Reste des Ursprungsbaus. Die Glasdecke, die zum Teil das

konstruktive Gerüst nutzt, das beim Umbau des Plenarsaals zum Festsaal im „Haus der Flieger" eingestellt wurde, erlaubt dem Parlament, „unter dem Himmel von Berlin" zu tagen.

Die Sitze für die Volksvertreter, das Präsidium und den Senat sind in konzentrischen Kreisen angeordnet, die so in zwei Kreissegmente geteilt sind, dass Präsidium und Senat den Parlamentariern einerseits gegenübersitzen, andererseits durch die geometrische Metapher des Kreises mit ihnen verbunden sind. Über dem Kreissegment, das die Abgeordneten einnehmen, befinden sich Tribünen für Besucher und für die Presse. Dem Wiederherstellungskonzept für den Gesamtbau lag der Gedanke zugrunde, die verschiedenen historischen Epochen, die den Bau geprägt haben, weder durch vollständige Überbauung noch durch einen Rückbau auf den Zustand des Ursprungsbaus zu verdrängen, sondern durch behutsame Integration sichtbar zu halten. Diesem Prinzip folgend wurde in der Wandelhalle die Decke, die beim Umbau 1936 eingezogen worden war, nicht entfernt, sondern an den Stirnseiten um jeweils einige Meter aufgeschnitten, um den

Oben:
Ansprache der
Präsidentin des
Abgeordneten-
hauses von Berlin,
Hanna-Renate
Laurien, beim
Festakt zum
Baubeginn in
der Ruine des
Plenarsaals am
17. Juni 1991

Unten:
Die Ruine des
Plenarsaals bei
Baubeginn

Oben:
Die Ruine des
Plenarsaals.
Einbau der
Technik für den
Medienraum unter
dem Plenarsaal

ein Teil der Rückbaumaßnahmen, die Anfang der achtziger Jahre im Rahmen der Einrichtung einer Gedenkstätte zur Gründung der *KPD* durchgeführt worden waren, rückgängig gemacht. Erhalten blieb jedoch die Kassettierung der Decke, die einen Kontrast zu dem modernen Beleuchtungskörper bildet.

Dass die Ausbau-, Instandsetzungs- und Renovierungsarbeiten trotz des ruinösen Zustands einiger Teile nach nur 22 Monaten im April 1993 abgeschlossen werden konnten, erklärt sich auch aus der Tatsache, dass das Gebäude als Parlamentsgebäude mit einer funktionalen Raumkonzeption entworfen und errichtet worden war. Nicht nur Treppenhalle, Wandelhalle und Plenarsaal, sondern auch eine Reihe weiterer Räume – wie z. B.

Links:
Der Plenarsaal
im Bau

Unten:
Der fertiggestellte
Plenarsaal

Blick auf die erhaltenen Gurtbögen des Tonnengewölbes freizugeben, das die Wandelhalle des Ursprungsbaus überspannt hatte. Die beiden Gurtbögen werden von Doppelpfeilern getragen, die ebenfalls dem Ursprungsbau entstammen und sich durch ihren bräunlichen Stuckmarmor deutlich von den weißen Wänden abheben. Im ehemaligen Festsaal wurde

Das ehemalige Haus der Ministerien II. Blick in die Wandelhalle, 1990

Das Abgeordnetenhaus von Berlin, Blick in die Wandelhalle, 1993. An der Stirnseite sind die freigelegten Doppelpfeiler zu erkennen

die gastronomischen Einrichtungen, die Bibliothek und einige Sitzungsräume – konnten wieder ihrer ursprünglichen Funktion zugeführt werden. Am 28. April 1993 fand die Einweihung des Hauses statt, am nächsten Tag die erste Plenarsitzung des Berliner Parlaments in seinem neuen Haus. Das Gebäude des Abgeordnetenhauses von Berlin steht in direkter Nachbarschaft zu zwei Häusern, die etwa zeitgleich mit ihm errichtet wurden und sein architektonisches Umfeld wesentlich prägen. Das benachbarte und durch einen Zwischenbau mit ihm verbundene ehemalige Gebäude des Herrenhauses wurde

*Oben, links:
Freigelegtes Rudi-
ment des Tonnen-
gewölbes der Wan-
delhalle, 1993*

*Oben, rechts:
Blick auf die
freigelegten Gurt-
bögen des ehe-
maligen Tonnen-
gewölbes in der
Wandelhalle, 1993*

*Mitte:
Säulengang im
Obergeschoss*

*Unten:
Das Abgeordneten-
haus von Berlin,
der ehemalige
Festsaal, 1993*

gegenüber, das ehemalige Kunstgewerbemuseum, das als einziges der Gebäude des ehemaligen Museumsquartiers noch erhalten ist. In direkter Nachbarschaft steht aber auch das Gebäude des ehemaligen Reichsluftfahrtministeriums an der Wilhelmstraße, in dem das *Bundesministerium der Finanzen* untergebracht ist. Dieser Bau und seine Nutzungs-

Oben:
Das Abgeordneten-
haus von Berlin,
Blick in die
Treppenhalle

Unten:
Festakt zum Ein-
zug des Abgeord-
netenhauses von
Berlin in das
wiederhergestellte
Gebäude des
ehemaligen Preu-
ßischen Abgeord-
netenhauses am
28. April 1993

im Sommer 2000 vom *Bundesrat* übernommen und damit erneut einer parlamentarischen Nutzung zugeführt. Es ist der letzte Zeuge der ehemaligen preußischen Regie-

rungsmeile an der Leipziger Straße. An der Niederkirchnerstraße, der ehemaligen Prinz-Albrecht-Straße, liegt dem Abgeordnetenhaus von Berlin der Martin-Gropius-Bau

geschichte, mit der die Nutzungsgeschichte des Gebäudes des ehemaligen preußischen Abgeordnetenhauses als „Haus der Flieger" und als Haus der Ministerien II so eng verbun-

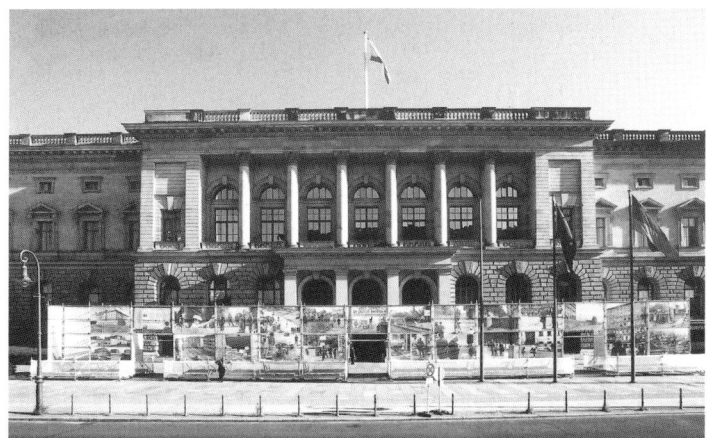

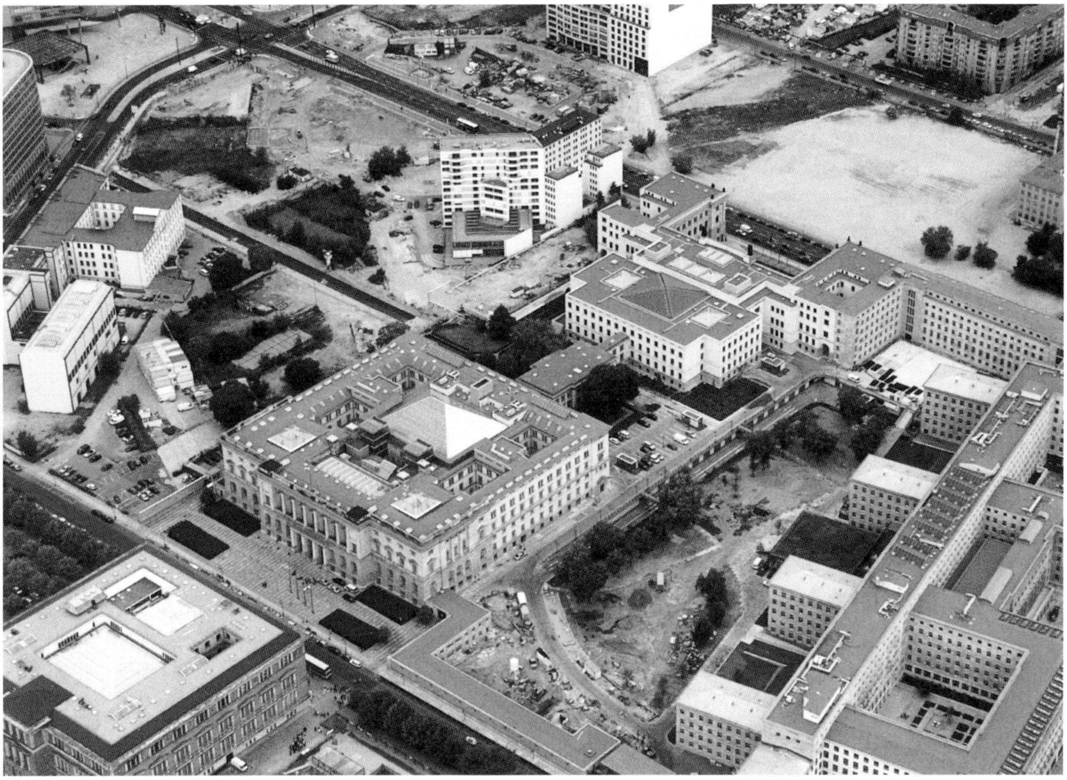

Oben:
Blick über den Martin-Gropius-Bau, das Abgeordnetenhaus von Berlin und den Bundesrat, rechts das Bundesministerium der Finanzen, 2001

Unten:
Fotoinstallation aus Anlass des 40. Jahrestages der Errichtung der Berliner Mauer, 2001

den ist, vor allem aber die Dokumentation „Topographie des Terrors" auf dem Gelände des ehemaligen *Reichssicherheitshauptamtes* machen das gesamte Ensemble zwischen Leipziger Straße, Wilhelmstraße und Niederkirchnerstraße zu einem Symbol der Höhen und Tiefen der deutschen Geschichte.

Der Preußische Landtag und seine Gebäude

1849 Der *Preußische Landtag* tritt am 27. Februar erstmals zusammen. Er besteht aus zwei Kammern: Dem in den folgenden Jahren nach dem Dreiklassenwahlrecht gewählten *Abgeordnetenhaus*, bis 1855 als *Zweite Kammer* bezeichnet, und dem *Herrenhaus*, bis 1855 als *Erste Kammer* bezeichnet. Das *Abgeordnetenhaus* erhält einen Neubau im Hof des Palais Hardenberg in der Leipziger Straße 55, das *Herrenhaus* im Garten des Palais Heinitz in der Oberwallstraße 4.

1851 Nach einem Brand seines Tagungsgebäudes findet das *Herrenhaus* in einem Palais in der Leipziger Straße 3 eine neue Unterkunft. Im Garten wird ein Gebäude mit Plenarsaal errichtet. Vorbesitzer des Palais waren unter anderem die *Seidenmanufaktur* und der Bankier Abraham Mendelssohn Bartholdy.

1867 Erweiterung des Plenarsaals des *Abgeordnetenhauses.*

1871 Von März bis Juni dient das Gebäude des Abgeordnetenhauses als Tagungsort für den *Deutschen Reichstag.*

1872-1875 Umfangreiche Umbau- und Renovierungsarbeiten im Gebäude des Abgeordnetenhauses.

1882 Das *Abgeordnetenhaus* beschließt einen Neubau im südlichen Teil der Grundstücke Leipziger Straße 3 und 4, an der späteren Prinz-Albrecht-Straße. Ende der achtziger Jahre erklärt sich das *Herrenhaus* mit einer gemeinschaftlichen Bebauung der Grundstücke einverstanden.

1892 Baubeginn nach Entwürfen des Architekten Friedrich Schulze.

1899 Fertigstellung des Gebäudes des Abgeordnetenhauses.

1904 Fertigstellung des Gebäudes des Herrenhauses.

1918 Die preußische Revolutionsregierung erklärt am 15. November das *Abgeordnetenhaus* für aufgelöst und das *Herrenhaus* für abgeschafft. Vom 16. bis zum 21. Dezember tagt der *Erste Allgemeine Kongress der Arbeiter- und Soldatenräte Deutschlands* im Gebäude des Abgeordnetenhauses und stellt die Weichen für eine parlamentarische Entwicklung Deutschlands. Im Festsaal des Abgeordnetenhauses findet vom 30. Dezember bis zum 1. Januar 1919 der Gründungsparteitag der *KPD* statt.

1919 Die *Preußische Landesversammlung* tritt am 13. März im Gebäude des Abgeordnetenhauses zusammen und verabschiedet am 30. November 1920 eine neue preußische Verfassung, die nur noch eine Kammer, den nach demokratischem Wahlrecht gewählten *Preußischen Landtag*, kennt.

1920 Das Gebäude des Herrenhauses wird Sitz des *Ministeriums für Volkswohlfahrt* und des *Preußischen Staatsrats*.

1920-1932 Unter Ministerpräsident Otto Braun (*SPD*) bestehen in Preußen anders als im Reich stabile Regierungsmehrheiten. Preußen und sein *Landtag* werden ein Bollwerk der Weimarer Demokratie.

1932 Bei den Landtagswahlen am 24. April gewinnt die *NSDAP* die meisten Mandate. Da keine neue Regierungsbildung möglich ist, bleibt die Regierung von Otto Braun geschäftsführend im Amt, bis sie mit dem „Preußenschlag" am 20. Juli durch eine Notverordnung des Reichspräsidenten ihrer Ämter enthoben wird.

1933 Nach den Landtagswahlen am 5. März verfügen die *NSDAP* und die mit ihr verbündete *DNVP* über eine Mehrheit im *Landtag*. Am 18. Mai beschließt der *Landtag* ein Ermächtigungsgesetz für Preußen und damit seine Selbstentmachtung. Der *Landtag* wird am 14. Oktober aufgelöst und nicht mehr neu gewählt.

1934 Die Gebäude des Abgeordnetenhauses und des Herrenhauses werden im Februar der *Stiftung Preußenhaus* übereignet und fallen in den Machtbereich Hermann Görings. Das Gebäude des Abgeordnetenhauses beherbergt anschließend verschiedene NS-Verbände, den *Volksgerichtshof* und einige Büroräume des *Preußischen Geheimen Staatspolizeiamtes*.

1935 Der *Aero-Club von Deutschland* wird neuer Nutzer des Gebäudes des Abgeordnetenhauses. In den kommenden Jahren wird es zum „Haus der Flieger" umgestaltet.

1947 Beginn der Instandsetzungsarbeiten an dem durch Bomben schwer beschädigten Gebäude des Abgeordnetenhauses.

1947-1952 Wiederaufbau des Gebäudes des Herrenhauses. Anschließende Nutzung des Mitteltraktes und des Westflügels des Gebäudes durch die *Akademie der Wissenschaften der DDR*. Der Ostflügel wird mit dem Haus der Ministerien, dem Gebäude des ehemaligen Reichsluftfahrtministeriums, zusammengelegt.

1949-1953   Das Gebäude des Abgeordnetenhauses wird vom Ministerpräsidenten und vom *Ministerrat* der DDR genutzt.

1961-1990   Nach vorübergehender Nutzung durch verschiedene Verwaltungsstellen wird das Gebäude des Abgeordnetenhauses Sitz der *Staatlichen Plankommission*.

1965-1989   Mitarbeiter des *Ministeriums für Staatssicherheit* überwachen vom Gebäude des Abgeordnetenhauses den Funkverkehr im Westteil der Stadt.

1990   Die Präsidien des *Abgeordnetenhauses von Berlin* und der *Stadtverordnetenversammlung* von Ost-Berlin beschließen am 30. August das Gebäude des Abgeordnetenhauses zum Domizil des Gesamt-Berliner Stadtparlaments zu machen.

1993   Nach 22 Monaten Bauzeit bezieht das *Abgeordnetenhaus von Berlin* am 28. April das Gebäude des ehemaligen Abgeordnetenhauses.

1996   Der *Bundesrat* beschließt am 27. September seinen künftigen Sitz im Gebäude des Herrenhauses in Berlin zu nehmen und bezieht im Sommer 2000 sein neues Domizil.

ABZ	Seite 109 oben
Archiv des Abgeordnetenhauses	Seite 94 oben, 110 oben, 111, 112 unten rechts, 120 unten, 121 oben und unten, 122 oben und unten, 139 oben
Archiv für Kunst und Geschichte	Seite 60, 66, 67 unten, 106, 107, 108 oben
ASD Friedrich-Ebert-Stiftung	Seite 100 unten
Bauwelt (1937)	Seite 108 unten
Bekiers/Schütze, Zwischen Leipziger Platz und Wilhelmstraße	Seite 119 oben
Berlin und seine Bauten (1896)	Seite 68, 73
Bildarchiv Preußischer Kulturbesitz	Seite 46/47, 49, 50, 52, 53, 54 oben und unten, 55, 57, 58, 59, 62, 69, 72 oben, 74, 75 unten, 79, 86, 97, 98 oben und unten, 99 links, 100 oben, 101 links und rechts, 113, 126 oben, 129 rechts
Bismarck-Album des Kladderadatsch	Seite 19, 20, 23 unten, 33
Bundesarchiv Koblenz	Seite 118
Deutsche Bauzeitung	Seite 71
Deutsches Historisches Museum	Seite 127 unten
Engel/Ribbe, Geschichtsmeile Wilhelmstraße	Seite 119 unten
Hélène Binet, London	Seite 137 oben rechts
Stefan Geiser	Rücktitel
Landesbildstelle	Seite 64/65, 67 oben, 70, 75 oben, 76/77, 80, 81 oben und unten, 87 rechts, 88 oben und unten, 94 unten, 95, 104/105, 110 unten, 112 oben rechts und unten links, 116 unten, 117 oben und unten, 120 oben, 123 unten, 124/125, 126 unten, 127 oben, 128 oben und unten, 129 links, 130 oben und unten, 131, 132 oben und unten, 133, 134 oben und unten, 135 oben, Mitte und unten, 136 oben, 137 unten, 138 oben und unten
Lehnartz	Seite 116 oben, 123 oben
Nibaldo Munoz, PPS	Seite 139 unten
Palladium	Seite 136 unten, 137 oben links
Florian Profitlich	Seite 137 Mitte
Süddeutscher Verlag	Seite 37, 63, 83, 84, 85
Ullstein-Bilderdienst	Seite 90/91, 96, 99 rechts, 102, 103, 112 oben links